U0925194

王蒙

诗酒趁年华

——王蒙谈读书与写作

创于1897
商务印书馆
The Commercial Press

图书在版编目(CIP)数据

诗酒趁年华:王蒙谈读书与写作/王蒙著.—北京:商务印书馆,2016(2021.11重印)
ISBN 978-7-100-12133-0

Ⅰ.①诗… Ⅱ.①王… Ⅲ.①读书方法—文集②文学创作—创作方法—文集 Ⅳ.①G792-53②I05-53

中国版本图书馆CIP数据核字(2016)第066938号

诗酒趁年华

——王蒙谈读书与写作

王 蒙 著

商 务 印 书 馆 出 版
(北京王府井大街36号 邮政编码100710)
商 务 印 书 馆 发 行
北京新华印刷有限公司印刷
ISBN 978-7-100-12133-0

2016年6月第1版 开本880×1240 1/32
2021年11月北京第3次印刷 印张8⅝

定价:65.00元

目　录

序：读书三议

一、读书与看光盘

以我个人为例，前四十年，周末的主要活动是读书，读书给了我对生活的发现、感触、理解与方向，读书充实了我的青春，读书满足了我太多的精神需求。后三十多年，读书占我周末活动的第二位，更多的时间是看电视、看电影等。

很简单，多媒体的音像传播，更生动，更真切，更直观，更省脑力与目力，更能满足感官与观赏的需要。越来越多的人通过多媒体接受作品，而不是通过专心致志的阅读，以至于不断有人宣布文学正在衰亡。

同样正确的，而且更重要的是，语言文字是人类思维的符号与依托，正是相对不那么直观真切的语言文字以及延伸为图表算式公式这些符号性的成果，使人的想象力、逻辑思辨能力、记忆力、表述与传授能力和综合判断的能力发展到前所未有的水平。读书的思维强度，大大地高于看光盘。

还有，阅读是我读、我思、我问、我答、我完成；而多媒体的全面性使你感到，你是在被看、被听、被 3D 乃至 4D、被传播灌输满满。

阅读多了人多半会聪明些，固然聪明不一定就正确；光盘看多了，也许会变得犯傻一点。这个看法不知对不对。

就是说，以多媒体代替相对枯燥一些但深刻得多也概括得多、精神能力发挥空间阔大得多的读书，其结果可能是精神能力的退化。读书能读出辜鸿铭、鲁迅、胡适、钱锺书、季羡林……来，看盘则不能。所以看盘的人比读书的人多多了，而认真阅读是追求精神提升的必由之路。

有志者除实践、实习、实验外，最好以读书为获取知识学问的首要方式，以其他为辅。

二、浏览是阅读的下滑

阅读包括浏览，但浏览不等于阅读，更不等于苦读、攻读、精读。信息不等于学问，更不等于见识、智慧与品质。被传播不等于真正接受与收获。

技术发展，使人们获取信息日益便捷化、舒适化、海量化。但请想想，任何代替人力的科学技术的发展，在便利于人的同时，都会引起人的能力的某种退化。例如优秀马拉松运动员多半出自道路与交通工具不那么便捷的地区；空调越是进步，人的耐寒耐暑热的能力越会减弱；音响技术的发展使一些歌手的声带运用能力降低。同样，浏览的发达，往往会造成信息获取的平面化、八卦化、消费化、垃圾化……最终白痴化。

什么是白痴化呢？什么都耳熏目染一二，什么都真伪莫辨、是非不分。没有分析、没有判断、没有发展，没有举一反三、没有见贤思齐，没有综合、没有创造、没有深化。也就是平庸化、思想懒惰、人云亦云，看似知道，其实糊涂。

例如，网调的结果是中国网民最最读不下去的书乃《红楼梦》，是中国的四大名著，是世界的名家名著。这与其说是阅读者的某种反映，不如说是不阅读的丢人现眼。

三、读点费点劲的书

读书的亮点在于照亮生活，生活的亮点包括积累智慧与学问。生活与读书是互见、互证、互相照耀的关系。书没有生活那么丰富，但是应该更集中了光照与穿透的能力。

有价值的书籍，特色在于它高于一个时期的平均认知度，能穷千里目，是更上一层楼的结果。它其实志在精神的喜马拉雅高峰，它提高着而不是降低着也不是迎合着大众，其认知水准绝不能比平均认知水准更愚蠢、更低下。文化的大众化利于文化民主，但同时也难免产生文化垃圾。当然还有故作高深的垃圾。

同时，文化瑰宝绝对不是迎合的产物，而是天才与勤奋、献身与奋斗、攀登与升华，然后才是万民的有效接受的产物。就像看一部电影或一台演出，赏心悦目，很轻松也很随心所欲，不一定就是最好的电影或演出，而能够引起思索、引起咀嚼、引起推敲与辗转的，却会让你获益更多。

我主张读一点费点劲的书，读一点你还有点不太习惯的书，读一点需要你查查资料、请教请教他人、与师长朋友讨论切磋的书。除了有趣的书，还要读一点严肃的书。除了爆料的书、奇迹的书、发泄的书，更需要读科学的书、逻辑的书、分析的书与有创新有艺术勇气的书。除了顺流而下的书，还要读攀缘而上、需要掂量掂量的书。除了你熟悉的大白话的书，朗诵体、讲座体的书，还要读一点书院气息的书、古汉语的书、外文的书、大部头的书。除了驾轻就熟的书以外，还要读一些过去读得少，因而不是读上十分钟就哈哈大笑或击节叹赏，而是一时半会儿找不准感觉的书。

当然人们有时喜欢休闲的书、一笑了之的书、自我慰藉的书，但毕竟还有书能够使你发现新领域、感受新天地、寻找更好思路和更高质地，使你接受新的洗礼。

有时候书好，但是我们读得拙笨而又辛苦："鲁叟谈五经，白发死章句。问以经济策，茫如坠烟雾。"这是李白形容的某种书呆子。有时候是黄钟喑哑，瓦釜轰鸣，读起书来总有人弃珠玉精华而拾假冒伪劣。还有时候是形成了陈陈相因的学风，使读书变成苦役。例如贾宝玉就对乃父的提倡读书一百个不接受，而贾政对读书问题的指示是：

“那怕再念三十本《诗经》，也都是掩耳偷铃，哄人而已……我说了：什么《诗经》、古文，一概不用虚应故事，只是先把《四书》一气讲明背熟，是最要紧的。”

贾政连孔子主编的《诗经》都要否定，无非是因了《诗经》中多了一些生活和人性。这是“怎么乏味怎么来”的无灵性、无性情、无丝毫活人气息的读书论，是与人性为敌、与青春为敌的读书论。

我们今天的国人是多么幸福，再不会受到贾政式的训诫了。但是今天又出现了另一种恶劣与堕落，那就是用白痴浏览、八卦阅读、趣味泡沫来铲平砌滑自己大脑中的沟壑，来否定古今中外的文化精华。

我要说的是：不做懒汉，不做侏儒，用脑阅读！用心阅读！用阅读攀登精神的高峰！

读万卷书，行万里路

我今天要跟大家讲的题目是“读万卷书，行万里路”。

先从读书说起。大家都提倡读书，但我立马想到的是中国和外国有一批告诫我们“不可死读书，不可只知道读书”的名人名言和说法，这个很有趣。我首先就会想到毛泽东，他最反对“本本主义”，他说这样读书最容易，因为杀猪猪会跑，杀鸡鸡会叫，但是你读的书既不会跑也不会叫，书是比较容易听你话的。陈云同志也讲过，叫作“不唯上，不唯书，只唯实”，就是我们什么事不能光听上边的，也不能光听书本上的，只能够实事求是，按事实来办事。

中国还有一古话“尽信书，不如无书”。扬州的旅游点上有一副名联，上联是“从来名士皆耽酒”，意思是，自古以来，那些有名的文士、文人都耽于、沉醉于喝酒——这个无所谓，名士耽酒不耽酒，反正我们国家整个酒业销售情况也很好，有名士没名士这个酒都可以卖得出去。下联比较好玩：“自古英雄不读书”，英雄哪有读书的？英雄按书来做事那就当不了英雄了。这个英雄，特指在军事斗争中过人的人。这样的人不读书，书读多了没好处。为什么会有这样的说法？庄子就说过，大意是："书是什么？书就是人说的话。人死了，说过的话记下来了，还不如活人说的话。"庄子还说："书是什么呢？书就是脚印，脚印并不等于一双鞋。"当然，从刑事侦查的观点看，让福尔摩斯他们分析起来，脚印也很重要，可以通过它研究脚上穿的是什么鞋。但是庄子说，你从脚印判断不了他穿的鞋，不完全能判断；鞋又不等于脚；脚又不等于整个人。因此，书是很有局限性的东西。

庄子有个更有名的故事，叫"轮扁论斫"。就是一个叫作"扁"的做车轮的工匠，还是皇家工匠，有一天从齐桓公的朝堂里走过——那时候看起来上下之间的关系还挺宽松——这个木匠跟齐桓公也比较熟悉，见桓公在灯底下读书就问："桓公您在读什么书呢？"桓公说："我在读圣贤之书。"轮扁说："这圣贤是死了的还是活着的？"桓公说："都是死了的。"轮扁说："那你读的东西不过是糟粕而已。"桓公说："你怎么这么说话呢？你给我讲讲，讲不出道理来，我要你命！对圣贤的书你抱这个态度！"轮扁说："我会的呢就是做车轮，我做车轮用一种工具叫'斫'（北京人管它叫'锛子'，就像一个小锄头一样，我在新疆的时候，他们管这叫'砍砍子'）。这是一个铁器，一边厚，一边薄，用它砍木头。怎么做轮子呢？你要是用劲用大了，它就'苦'了；要用劲用小了，它就甜了，就是'甘'。苦了呢，它就很粗糙，不光滑，放上去它不转；甜了呢，它就不结实。关于这个怎么样下斫才合适的问题，父亲没法跟儿子讲，儿子也没法从父亲那里知道。古人和他们怎么说也说不清楚的经验一起死了，你读的还不是糟粕嘛？”你看一百本书也没用，你得自己实践，自己体会。连怎么做一个轮子书都帮不上忙，何况是治国平天下呢！治国平天下书上能给你说清楚？这是不可能的。庄子有这种很有名的论点。陶渊明又说：“好读书，不求甚解。”就是我读很多书，挺有趣，增加知识，增加见闻，但是不会死抠它，死抠它反倒不一定是最好的办法。所有的这些说法，都是劝你不要死读书。

我好像很不合时宜地引用了这么一大堆。我的意思是说，读书不仅仅是一个知识的叠加、积累、存储的过程，我们不能把读书仅仅看成一种死的知识的增加。当然，读书是增长知识，知识也很重要。有些人就是读了一辈子书，所谓“老学究”，在某方面，他的知识比任何人都丰富，他是专家。我有一个河北南皮的同乡叫孙楷第，是研究小说史的专家，死了二十多年了，他研究近现代的各种小说，他的脑子比一部词典还厉害，不管写得好的小说，写得不好的小说，没有他不知道的。这也是知识，这也是学问，这也是专家，这样的专家死了以后没有第二个了。他的学问并不是没有知己，原苏联现俄罗斯科学院的院士，一个俄籍犹太人，叫李福清，也是小说史专家，不断地发现中国古代各种新的小说的篇目。他曾经在台湾连续做过三四年的研究，在台湾的图书馆里也研究出了一些新的知识。知识也很好，但我更希望提倡的是：通过读书，来激活、发展、推进、扩大我们的精神能力。读书的意义，就在于通过读书，我们的精神能力有所增进。

什么叫作精神能力呢？比方说分析的能力、辨别的能力。一个真正有学问的人，一个真正有头脑的人，一本书拿来稍微翻一翻就可以知道它的价值到底怎么样；和一个人交谈几句，对这个人也能有一个大致的判断。还有想象的能力、创造的能力，我们现在喜欢说创新的能力。通过读书，看到别人，看到前人，看到那些有贡献、有成就、有智慧的人是怎样做学问的，是怎样做事情的，是怎样发明创造的。他能有想象的能力、概括的能力、联想的能力，由此及彼，举一反三，甚至于一通百通。有这样的精神能力，那就大大不一样了。

读书不但能够改善你的精神能力，而且能够改善你的意志品质。就是说，它不仅仅限于你的智力、思维能力上的扩展、发展，它还能增加你的比如说抗逆能力。农业的良种很讲抗逆性，不怕水灾，不怕涝灾，不怕旱灾，不怕风，不倒伏，不怕病虫害，不招虫子，招了虫子也不会让虫子发展得过快。人这一生几十年，绝不可能天天都在顺利的情况下度过，所以精神上也需要有这种抗逆能力。

还有掌控的能力，自己对自己能有所掌控。大概是 1959 年新中国成立十周年的时候，我们看赵丹演的电影《林则徐》，林则徐的办公桌上，或者客厅的桌子上，老摆着两个字“制怒”，就是人不要发脾气，不要生气。甭管多伟大的人，一旦发脾气，就做不到非常理性地判断。所以要有一种自我掌控的能力，虽然做到并不容易。

同样呢，还有一种自我动员的能力，就是能把自己的精神、自己的智力、自己的知识、自己的学问全部提取出来、振奋起来，用电脑的语言来说，就是能“调”出来。你看很多书，知识也很多，但遇到事时你全忘了，什么也想不起来，该说的话你老是过去三天以后才想起来："哎哟，那天本来应该这样说话"，那就麻烦了。只有把读书变成读生活，变成发现生活的真谛、发现人生的真谛、发现事物的隐蔽的规律，才是活的读书。它是一个激活的过程，而不是一个把你捆死的过程。

比如说，山东是孔孟产生的地方，孔子的许多话本来就是和生活非常贴近的。我们写小说的人，从前很喜欢用一个词，叫“从生活出发”。不管写什么，首先要考虑的就是生活给你的感受、给你的记忆、给你的怀念、给你的感情，叫作“从生活出发”。用歌德的说法就是："理论是灰色的，而生活之树常青。"用我们现在的政策的说法就是“三贴近”：贴近实际，贴近生活，贴近群众。其实孔子的很多说法是非常贴近生活的。他一上来就说“学而时习之，不亦说乎；有朋自远方来，不亦乐乎；人不知而不愠，不亦君子乎”，他说得非常实在，非常生活，也非常朴素。当然，你要求甚解，你要研究起来，就研究不完了。

光一个“学而时习之”，这个“习”是什么意思，古往今来就有各种解释。有的说“习”是温习；有的说“习”不是温习，是实践，学了以后就要实践。“有朋自远方来”，有人又分析，说它和“学而时习之”一样，一本很好的书，你读过，过了十年了你又读，就好像老朋友从远方又来了一样。“人不知而不愠，不亦君子乎”，别人无意中做了冒犯你的事，不要生气，这才是君子。它又非常像庄子讲的一个故事。庄子很喜欢讲故事，而且讲得也非常生活化。大意是说：你划着船渡河，有条船照着你的船就过来了，这个时候你船上的好几个人就站在船头上喊“不要过来，不要过来”，很着急。如果这个船不听你的，继续冲着你的船就来了，“砰”的一声就撞上了，你船上的人全跳起脚来骂：“瞎了？不长眼？不想活了？”但是呢，骂了半天一看，对面来的是一条空船，没有人，它是被大水冲下来的一条船，你就一点火气也没有了。这也是“人不知而不愠”。它是没有人的船。庄子有另外的角度，就是为人做事不可太有成见，太有成心，不要有先入为主之见，要像一条空船一样。这样的话，你做的错事就少。我给这个故事命名为“空船无咎”。平常你不要城府太深，我们家乡的话就是不要心眼太多，不要处处为你自己打算，不要老防着别人。这样的话，你即使无意之间冲撞了别人，也会得到原谅，会得到包容。这和孔子讲的道理是一样的。

孔孟是想在春秋战国这样一个混乱的时代为人际关系划出一个规范，他们的规范力求合情合理。比如说“君子之泽，三世而斩”。一个大人物，一个非常有成就、有道德、有影响的人物，乃至一个VIP，受到尊敬，得到认可；到了他儿子这儿，还有人看他的面子；到了孙子这儿，也就齐了，不可能一代一代永远被当特殊人物看待。他既承认君子之德是有延续性的，甚至于能够庇荫他的后人，又认为这不会是长期的，该结束就结束，这合乎情理。

庄子也有些很合乎情理的说法。他说，祭祀的时候，用纸一类的东西糊成人、马、车等等。这些在祭祀的时候非常庄严，你要规规矩矩，诚诚恳恳，毕恭毕敬。冲着这些祭祀的物品和你要祭祀的先人、友人或国君、良相，你要三跪九叩，你要行礼，你要诚心诚意地哀悼。祭祀完了，这些东西往一块儿一堆，一把火烧掉，不能存着。这些东西如果存起来，就会变成邪祟。中国人的头脑真是有一种合理化的分寸感，既承认祭祀的必要性，包括祭祀的道具的庄严性，又认为这个庄严不是绝对的，是有它的时间和空间的条件的。在什么场合做什么事情，不是一成不变的。不是说祭祀完了这个东西就变成神了，做了一个纸马，这个纸马你就得一辈子供着它，那还得了？祭祀完了往仓库里一堆，找一个合适的时间拉出去烧掉，下次再祭祀下次再做，非常合乎情理。庄子的有些分析，我觉得是非常有社会经验的。

西方也有类似的说法。西方讲政治，常常讲，民主的含义要义并不在少数服从多数，因为掌握多数对于不民主的人来说也是很容易的一件事情。比如伊拉克的萨达姆·侯赛因，他在伊拉克战争以前在全国搞了一次公民投票，他得的拥护票是百分之一百，全国几千万张票里头没有一张反对票，这不是绝对的多数吗？西方讲，民主的要义在于多数人对于少数人的容忍和少数人权利的保证。当然这是一种说法，它是否做到了是另外的问题。“小人同而不和”，这就更厉害了。什么叫“小人同而不和”？你看黑手党，你看电影《教父》，你看香港描写黑社会的电影，老大说什么大家都是绝对的一致，但是大家互相戒备，互相打主意，不知道什么时候，谁就搞谁一手。越是小人越“同而不和”，你看不出什么分歧，但是面和心不和。孔子的这个总结相当厉害，而且他入世很深，现在有些反对孔子、轻视孔子的人认为他说的都是空话，其实不然，他这个“和而不同”、“同而不和”的理论入世非常深。

我们一般认为庄子是虚无缥缈的，但是庄子的《人间世》这一章里头专门讲道：颜回要到卫国去，因为听说卫王独断专行，不恤民情，非常自以为是，所以他要用仁义道德去感化、去劝告卫王，让卫王今后实行仁政。庄子讲这么一个故事，他是用孔子的名义，不是用自己的名义。孔子问颜回，你去卫国干什么？颜回表示，夫子您教导我，越是像卫国这样的地方，我们越是有责任去匡正它的君王，所以我要给他讲仁治，仁义治理。然后庄子笔下的所谓孔子就说，你去了只怕要遭受杀害啊！如果你强用仁义的言辞去说服他，他就会以为你有意揭露他的过恶来显扬自己，会认为你是害他，他一定反过来会害你。除非你不谏诤，否则卫王一定会抓着你语言上的漏洞，那时你也许只能依顺他的主张了。这是用火救火，用水救水啊！颜回说了几种预先设想的说辞，孔子都说，卫王那么固执己见，这样怎么能说服他啊！本来也是这样，你到了那儿是你给他讲还是他给你讲呢？你想让他听你的，他还想让你听他的呢！你无权无势空着手就去了，他有权有势，全国的资源又都在他手里，谁听谁的？你想的那些东西根本就没用。我在我的《庄子的享受》中，就把这段说成是“理念 vs 威权”。理念碰到威权你一点辙都没有。当然庄子也没有解答出来，他说“虚室生白”，实际上是劝阻颜回，在遇到威权而你仅仅有理念的情况下最好少说话。

我刚才引用这些话是什么意思呢？我们读书的时候，能不能做到从书中的脚印去推断他的鞋子，是耐克还是英国鞋？是温州鞋还是青岛双星？你从鞋印推导鞋子，而且要从鞋子推导他的脚、他的腿、他这个人，就是要找到书里面的活气，找到书里面的灵性、活力，找到他的情感，找到他的精神能力。

这次来山东之前，我刚刚从伦敦回来，伦敦今年的书展是以中国为主宾国，它展览的很大一部分空间突出接待的是中国的书展团。我在书展上和英国的一个女作家有一个对谈，其中我也讲道，英国和中国历史不同、背景不同、文化不同、传统不同，但是英国和中国有一点相同，都是非常讲政治的国家，是爱谈政治的国家，是有丰富的政治经验的国家。英国当年是大英帝国，日不落国呀，它知道的事真不少，政治手腕也厉害。中国的政治经验也是丰富的，中国连老百姓的政治经验都非常丰富，中国的老百姓也都不是善茬。我在新疆时，曾任新疆伊宁县巴彦岱红旗公社二大队副大队长，“文革”当中，遇到生产队开会的时候，要先讲“文化大革命”的形势不是小好而是大好，苏修亡我之心不死，印度反动派怎么样怎么样……说着说着农民就说：算了吧，我们事儿还多着呢，你到底跟我们要什么吧，是不是又让我们交细粮呀，还是要我们……这意思，反正叫我们开会没好事，不是让我们出工修大湟渠，就是让我们再多交粮食，你就实话实说了吧，管它小好大好的，你把实话告诉我们就完了。农民心里都很清楚这个。

英国也是这样。我在英国和一个非常有地位的女作家交谈，她有勋爵的称号，出版过十七本长篇小说，她叫玛格丽特·德拉布尔。在交谈中我讲道：我在“文革”当中一个很有趣的经历，就是读斯威夫特的《格里佛游记》。小学课本里有《大人国小人国》。但是我看了以后欢呼雀跃的不是大人国、小人国，斯威夫特的书里描写：格里佛到了一个地方，这个地方的老国王喜欢吃煮鸡蛋——咱们吃煮鸡蛋要先把蛋皮剥下来，一般人的习惯都是磕鸡蛋的大头，“叭叭”这么一敲再把它剥开。但是有一次这个老王剥蛋皮的时候把自己的手割破了，国王就下了一个令：凡在我这个国度上生活的臣民，请你们注意啦，今后吃煮鸡蛋一律先磕小头，凡是忠于我的臣民都要磕小头，违者严惩不贷。可是老百姓老忘这个，老百姓的习惯是磕大头。我在青岛讲过一回这个故事，听众大概有五六百人，我问了一下，你们磕鸡蛋有哪位是磕小头？有一个女生说她每次都是磕小头，其他那几百人都是磕大头。咱们今天在这儿就不统计了，反正就是磕大头的多。

这样由于吃煮鸡蛋磕大头磕小头的问题，这个国家的人民就分成了两派，不但分成了两派还建立了两个政党，一个大头党一个小头党，而且政治含义很强烈。大头党反映的是一种颠覆精神，国王下令也不行，不合理；反映的是民本精神，老百姓的习惯是先磕大头。如果用中国的说法就是老子说的“圣人无常心，以百姓之心为心”。你是圣人，你是君王大臣，但不能什么事都是你出主意，你要以老百姓的习惯，用我们现在的语言来说，就是要以人民欢迎不欢迎、满意不满意、高兴不高兴为标准。你国王要磕小头你自己磕去，为什么大家都要磕小头？而那个小头党呢，通过磕小头表现了对国王的绝对忠实：让我们磕小头，我们就都磕小头。这样两党之间就进行了穷凶极恶的斗争，有时候变成武斗，有时候变成群殴，国无宁日，一代又一代的，这么争了下来。

哎呀，我当时看了这个故事觉得太精彩了。年岁大的同志肯定还记得清清楚楚，“文革”时的红卫兵到处都分成两派，都标榜自己是最忠于毛主席的，他们斗来斗去，给我的印象就和那个大头党和小头党是一样的，我觉得很好笑。你读了这个书你觉得雀跃，又觉得很心酸，为什么有时候政治会走向一个死胡同，为什么有些时候会进行这种抽象的争论？所以邓小平同志提倡不争论，而且说不争论是他的一大发明。邓小平还提倡不要进行姓社、姓资的抽象争论。可当时我读这个书的感觉我是不敢跟别人说的呀，那红卫兵之间互相正斗得厉害呢，回头万一我要是说了被人给传出去，说王蒙说的那就是大头党和小头党之争，我就不知道我是大头损伤还是小头不保了。你不知道的，所以不敢说的。但是从这个故事里头我得到启发，全世界都有这种问题，为斗争而斗争，为争论而争论，互相抓住把柄，谁也不退让一步。

还有我也回忆到在我的一生最困难的时期，我指的是 1957 年、1958 年，那时候我最喜欢读的书是英国狄更斯的《双城记》，我的经历和《双城记》中法国大革命的那段描写没有任何可比之处，但是即使没有相同之处，它也使我感到当个人面对历史风暴的时候，应该能够自持，能够保持住自己，不应该急躁，不应该绝望，不可以发疯。个人面对历史应该有足够的沉稳和从容，应该有足够的耐心。所以我们说“维稳”呢，国家是要维稳的，个人也要是维稳的。遇到事以后你先惊慌，遇到事以后你先急躁，遇到事以后你先失去理智，你还维谁的稳，你自己的稳还维不了呢。

所以，读书给人的益处是多方面的。当然有的很直接，譬如一些卫生知识，我们很多人家里都有什么家庭卫生手册，感冒了可以吃银翘解毒，可以喝感冒冲剂；病毒性感冒可以吃板蓝根；有 SARS 了，常洗手……这些都很具体，你照办就行了。还有些操作性的东西，包括一些电器的说明书，比如怎么使用电脑，有很多很实际的东西，但是也有许许多多更概括性的东西。只有当书本的知识变成对你本人的精神能力的一种开拓的时候，读书才变得其乐无穷。

读书的好处非常之大，它发展你的智力，使你变得不一样。而且我们千万不要以为书本上的东西和生活是没有关系的，它和你的生活直接相关，所有的书本都和你直接的生活经验是有关系的。

我再举一点例子。孔子说，仁者乐（yào）山。咱们有时候念乐（lè）山，念 lè 也是对的，但是，这个地方应该念 yào。仁者乐（yào）山，智者乐（yào）水。这是中国式的思路，非常有趣、非常有魅力的一种思维。就是把人类的一些美德和天地联系起来，和大自然联系起来，和宇宙联系起来。山代表的是什么呢？山代表的是厚重，稳定，不轻易变动。所以仁者，一个真正有道德的人，一个爱别人的人，他会非常喜欢山，从山身上，他能体会到这种厚重，这种从容，这种稳定，这种承担的能力、负载的能力。而智者呢，他会非常喜欢水，从水的身上，看到灵动，看到活泼，看到它的变化和与时俱进。希腊的哲学家说，一个人的脚永远不可能第二次踩在同一条河里。水在流动，《庄子》里叫“与时俱化”。与时俱进呢，在宋明之间已经有人提出来过。用《大学》里的说法就是“苟日新，日日新，又日新”。每天都会有一些新的东西出现，你不可能老停止在一个地方。

到了老子这儿，他从另外一个角度阐述，刚才我讲了，“圣人无常心，以百姓之心为心”。老子还讲：“太上，不知有之；其次，亲而誉之；其次，畏之；其次，侮之。”他讲得也很实在，就是说，最理想的情况是什么呢？这个当政者，他虽然存在，但是老百姓并不怎么在意他，这是老子的一种带乌托邦性质的想法；或者是根本就不知道这个当政者存在，因为老百姓都奉公守法，当政不当政，有没有警察，有没有岗哨，对我没有任何威胁，没有任何关系。有的版本上是“知其有之”，知道有就行了，别刻意。“其次，亲而誉之”。其次呢，老百姓见了当政者就赶紧唱颂歌。这个老子的看法很奇怪，他认为“亲而誉之”是二等，最好的办法就是各干各的，就是中国古代所设想的“日出而作，日入而息，凿井而饮，耕田而食，帝力于我何有哉”。天亮了我就起床，天黑了我就睡觉，渴了我有井，饿了我种地，我和你这个当政者没有很密切的关系。为什么老子会这样想？因为“亲而誉之”，起码有两个危险。一个危险就是老百姓对你这个执政者的期望值过高，因为你这个执政者无所不能，你包打天下呀，你什么东西都管呀。他家里的猪有猪瘟，他认为是当政者造成的；有鸡瘟，他也认为是当政者造成的；风大了把瓦片吹下来砸在脑袋上，他认为也是当政者造成的。那还得了！这是老子的思路。第二个危险，他会使当政者不了解真实情况，因为大家是一片亲之誉之呀，到处是颂歌。这个问题陈毅元帅早就发现了，所以陈毅元帅在 1954 年写过一首诗，诗里就写："岂不爱推戴，颂歌盈耳神仙乐？"到处一片歌颂，连神仙听了都高兴。陈毅元帅已经向我们的很多群众，包括很多领导干部、很多共产党员提出了警告，不要搞得自己"颂歌盈耳神仙乐"。

当我们把书当作活人的思想、活人的情感、活人的精神能力、活人的意志品质来理解来接受的时候，读书对我们是非常有意义的，它使社会发展进步，使我们国家发展进步。

下面我再讲"行万里路"。中国人很聪明，"读万卷书，行万里路"。行万里路，就是扩大你的见闻，扩大你的知识，扩大你的胸怀。我们常常讲"解放思想"，解放的是什么呢？除了有一些比较陈旧的东西来束缚你变成你的精神桎梏以外，也有一条是你自己的闭目塞听。精神病学上有一种病叫"自闭症"，得了这种病的人怕和外界交流，怕从外界获得新的信息。所以你要有很多见闻，很多知识，很多思路，要有许多选择的可能，才能科学决策，科学发展。

我呢，由于有这个幸运，尤其是改革开放以后，曾多次有机会在境外旅行。我访问过六十多个国家和地区，深知这个世界之大，可以说无奇不有。你可以说世界真奇妙，也可以说由于自己的孤陋寡闻，很多知识都没有，很多见解都未必靠得住。当然，通过对外交流也有很多地方增加了我们的信心，增加了我们的自信。

我想给大家讲点小故事，从一个非常小的国家讲起，就是不丹王国。不丹王国靠近咱们的西藏，原来是印度的保护国，后来和印度签署条约，成为一个独立的国家，但是它的外交要由印度管，它曾经只和印度、泰国等四个国家有外交关系。不丹的人均国民收入大概是中国的一半，但是这个国家的幸福指数，按西方的标准来说是全世界最高的。我印象最深的是这个国家的狗，它的狗都不是私人养的，而是公众养的，公众都喜欢狗，见了狗都会给它吃的，给它帮助。所以它的首都的柏油马路上到处都躺着狗，许多许多的狗。而且这些狗从来不会汪汪地叫，它们对任何人都没有敌意。有次有条狗躺在马路上睡觉，我过马路的时候躲不开，结果脚踩在狗尾巴上了，它连“汪”的一声都没有，它顶多发一个什么声音呢，“嗯”，就哼这么一下，表示说你脚下留情，然后接着睡。我忽然觉得咱们中国关于狗的成语到这儿就全作废了，狗仗人势，狗眼看人低，狗改不了吃屎，痛打落水狗，狼心狗肺……这个事对我还挺有刺激，原来狗性也不是一成不变的，如果狗对人抱有恶意的话，对不起，是人对人抱有恶意的结果。我们现在最欣赏的就是藏獒，藏獒把主人咬死的都有，但是我们认为要养狗，如果是大款的话，一定要养最凶恶的狗。我不知道是不是夸张，有人告诉我，现在一个好的藏獒要几十万块钱才能买下来，养一个藏獒也是地位和财富的表现。当然不丹这个国家我们没法学，这个国家人少，它是王国，它的上一任国王有四个王后，这四个王后是亲姐妹，不知道哪家生的四个女儿，都是又贤惠，又漂亮，又文雅，这国王就把这四个女人全娶到皇宫里来了，这四个王后也不打架，这个世界上有这样的国家。

我访问过非洲的喀麦隆。先是喀麦隆的文化部长来中国访问，他原来担任过三任外交部长，在喀麦隆没独立以前，他还担任过法国外交部非洲司的司长，后来他要调换，就当文化部部长了。他到中国来那次，最后他要答谢，还有一个谈话。那时候文化部部长是孙家正同志，但那一天孙家正同志有其他外事任务，因为这个喀麦隆的文化部长写过小说，出版过三部长篇小说，孙家正同志觉得我们有共同语言，就让我替他去跟他谈一谈。我跟这个部长谈得特别投机，他回去以后立马就给我发来邀请，邀请我和夫人前去访问。

我就到了喀麦隆。有一项日程太有趣了，要坐三个多小时的汽车到一个地方，说当地的国王要来迎接我。我就奇怪，喀麦隆共和国有总统，有总理，有各部部长，怎么又出来一个国王呢？一到那儿，国王率领文武百官就来迎接我。国王岁数并不大，文武百官的年龄都非常大，胡须也非常发达。还有吹号的，奏乐欢迎，非常郑重。原来喀麦隆有很多小的部落，很多地方都有王，后来这个国家独立成立了共和国以后，这些王权就被剥夺了，但是共和国也不消灭他们。既然有这个王而且还有一批老人信仰这个王，你愿意朝拜就朝拜，愿意磕头就磕头，愿意欢呼就欢呼，文武百官既不承认也不否认，只要不颠覆现在的共和国就可以保留。

那个国王有一个不大的院子，还有那么七八间屋子，屋子里展览了他们当年的光辉事业。给我印象最深的就是他的上辈国王身高 2.2 米，不比姚明矮，他的服装包括战袍都在那挂着，太高了，确实是太高了。但是我要告诉你们的重点不是这个。那天都参观完了之后，大臣拿来一个本子，请我签名。还说，我朝由于经费困难，请王先生自愿捐助一点，帮助我朝，支持我朝经济。我赶紧给人家签名的签名，捐钱的捐钱。完了以后我真的很感慨，世界上还有这种事情，按一般的逻辑，共和国取代过去的王朝，那些王朝的人不枪毙也要收拾收拾吧，起码先组织个学习班，学习学习，写写检查。他们真是一绝！这国王同时有两个身份，国王是世袭身份，他的王国归他的王国，主要靠展览捐助；他还有世俗身份，他在法国留过学，是学法律的，当律师的收入归自己，自己另外还有住的地方。世界不是一个样式的，也不是只存在一种生活方式，也不是只存在一种观念。

挪威这几天在审判一个狂人，他闯入外交大楼和总理府，在那里扔炸弹，其后又向一青年营地开枪扫射，据不完全统计，他用炸弹和自动步枪杀了至少 77 个人。这个总理府我去过。挪威的首都是奥斯陆，奥斯陆人最大的特点就是走路。从我住的地方 Grand Hotel 到总理府，以飞快的速度要走 35 分钟，我想距离在 1 公里以上。他们的驻华大使带上我和我爱人几个人常常健步如飞。这个地方生活很健康，但是我们又不能照搬，你很难想象在我们国家某高级领导在大街上健步如飞。但起码它这点给了我很深刻的印象。不过它有另一个方面的问题，北欧有斯堪的纳维亚三个国家，挪威、丹麦、瑞典，它们基本上都是社会民主党执政。瑞典一个首相看完电影在街上走路时让人打死了，一个外交部长在百货公司里买东西让人一刀扎在肝上死掉了。当然，它的保卫工作有很多问题，但是它的另一面是比较接近群众，多走路有益健康也是好的。世界绝对不是一个一体的东西，有时候，我认为我们需要扩大自己的眼界。

我再说一个本来不是我所熟悉的问题，也不应该由我胡言乱语随便说话，但作为闲话可以说说。据我所知，我们差不多是唯一曾经宣布过这样一个政策的国家：如果由于民航方面的原因造成旅客误点，要给旅客赔偿。我走过六十多个国家和地区，没听说过这样的政策。世界上飞机误点最多的国家到现在为止我的印象是美国，美国的飞机太多了，比咱的公共汽车密多了。天上都是飞机，误起点来太恐怖了。1998 年 5 月份我从美国回来，给我误了两天，到旧金山本来要转飞机再到夏威夷的，结果从起飞就耽误了，等我们到旧金山时，夏威夷的飞机早就飞走了，但他们从来没有补偿这一说。中国有，所以现在中国的飞行旅客非常难办，上海最近连续发生此类事件，有一次是乘客三次上飞机三次被轰下来，最后乘客到飞机场一些非常危险的区域阻止飞机飞行。这是非常危险的事情，而且是严重违法的事情。上海的机场说是警力不够，我看这个事是咱们自己找的，哪能宣布飞机这种最靠不住的误点赔偿呢。人都上去坐好了，飞机已经开到跑道旁边了，突然说气象不行，还有种种原因，起飞不了，这很正常。

我们看到过许多国家在这方面比中国做得好，人非常礼貌，也很文明，而且真是助人为乐，活雷锋有的是。它们也不是天天宣传，它们的意识形态跟咱们不一样，有的是从基督教出发，也讲人人为我，我为人人。但我们也会看到许多国家，它们的发展还不如我国，比如说印度。印度在八九十年代和中国的国民生产总值是差不多的，但是现在中国已经远远超过了它。加尔各答现在怎么样我不知道，前些年我去加尔各答，大街上都是垃圾堆。这和国民党政府时期一样，国民党政府时期北京大街上都是垃圾堆，臭的呀那个味道。另外，它还有各种怪病，在印度我第一次看到象腿病，就是人的腿长得特别粗大，像象腿一样。那真是恐怖！有时候，世界各国不同的情况既可以拓宽我们的思路，也可以增加我们的自信。

我有许多有趣的经验。我去访问突尼斯，突尼斯的作协主席请我吃饭，他是一个著名作家。他见着我就自我介绍，说他原来是搞政治的，年岁渐渐大了，现在主要写书，不搞政治了。他还说，伊拉克的总统萨达姆是他介绍加入阿拉伯复兴党的。这个人给我最深刻的印象是什么呢？一个是政治，他不断地跟我说，现在美国要打伊拉克——那时候还没打呢——打完伊拉克肯定打中国，中国要出手，不能让美国随便打伊拉克呀。这是第一个深刻印象。第二个深刻印象是，我们一起吃饭时他问我喝什么，我说喝矿泉水——阿拉伯国家比较严格，尤其是和这些人在一起是没有酒的，他也喝矿泉水——他每次都是喝完自己碗里的水再拿我的那个碗喝，他两头喝，我也没有办法呀。我只好叫服务员，我不会法语，也不会阿拉伯语，我就用英语跟他说，给我拿个杯子吧。我用杯子倒了一点矿泉水，他看着杯子比较好，显得比较干净，立马又拿过去喝上了。我这一晚上就喝不上矿泉水了，他还在那一个劲儿地动员我，一定要向中国政府汇报，帮伊拉克打美国。后来我怎么办呢？我跟他说，中国革命已经成功了，经验证明，革命成功取得政权以后，主要任务应该是发展生产力，要把经济建设放在中心地位，只有发展先进生产力、先进文化，能够代表最大多数人民利益，才能把国家搞好，才能对世界人民做出应有的贡献。后来跟我一起去的使馆的人在旁边笑着说，王蒙您最后给他们讲“三个代表”了。因为我没得跟他说，我怎么跟他说呀！

阿拉伯有些国家有些人真是非常有意思，比如伊朗，它被美国妖魔化了，但伊朗的老百姓非常好。我在新疆待过，新疆很多词汇是吸收波斯词汇的。我有次在伊朗看到一个人带着无花果干，就跟我爱人说这个呀在新疆叫安菊儿，在伊朗叫安吉儿。那人听了以后非常兴奋，他说安吉儿，安吉儿，安吉儿。然后就一把抓给我让我吃。我说我不是要吃这个。但是我非常高兴。

伊朗有些政策起码不像美国说的那么坏，那么偏执。我们在伊朗时已经12月份，快到圣诞节了。伊朗地毯很有名，它的地毯里居然有给基督教徒祝贺圣诞节的内容，有圣母玛利亚，有刚生出来的耶稣。旅馆里有圣诞树，上面写着圣诞快乐、圣诞吉祥。

虽然伊朗的核政策受到了谴责、封锁、制裁、批评、劝告，有某些被孤立的地方，伊朗总统说要把以色列什么的赶到大海，起码在我们看来也是不合适的，但是伊朗有一个特别值得我们深思的地方，它近些年的电影取得了举世瞩目的成绩，不断得奖，比中国得奖多。它的电影恰恰是描写伊朗人民，尤其是儿童的真善美，儿童的美好心灵。比如说有个电影叫《小鞋子》，哥哥把妹妹穿的鞋子弄丢了，为了免除父母的责罚，兄妹俩只能换着穿哥哥的鞋子跑着上学。电影描写了哥哥对妹妹的爱护，非常感人。后来哥哥参加了长跑比赛，因为季军的奖品是一双鞋子。虽然哥哥最终跑出了冠军的好成绩，但他并不开心，他很自责，因为他们还是没有得到新鞋子。电影的最后，他把打满水疱的小脚泡在水池里，小鱼在他的脚边游来游去。伊朗的电影非常好，值得我国的电影工作者深思，而且伊朗人毫不客气地说，中国不应该讨好好莱坞，不应该按照好莱坞的模式来塑造中国的商业电影。

当然，伊朗的工艺美术、书法也都非常好。全世界讲究书法的首先是中国的汉字，其次就是阿拉伯文。我在摩洛哥的首都拉巴特参观过他们的书法表演，一个大厅，全部都是阿拉伯文的书法。伊朗的阿拉伯文的书法写得非常灵动，有的让你想到了中国的草书。

世界是巨大的，只有我们对世界有了更多的了解以后，才能使中国得到更好的发展。

曾经长期在文艺方面担任领导工作的周扬同志，在他的晚年，念念不忘两句话。一句是，发展是不能够超越的，发展要一步一步地来，历史是不能够超越的；第二句话，中国是不能够脱离世界的，要从全世界得到启发，这才叫解放思想。当然，得到启发不是说我们都要学外国，有些东西我们要学外国，有些东西我们在世界范围内比较以后更增强了自信，更坚决地要坚持我们自己所选择的路线。所以，行万里路，对一个人来说也是非常有意义的。

邓小平当年给景山学校的题词是“面向现代化、面向世界、面向未来”，他的这三句话语重心长，而且很有针对性，就是我们要打开自己的眼界，使我们中国有一个更美好的前景。

2012 年 4 月

我的读书生活

——经验的审度与审美的感悟

我今天讲的内容是关于读书的。读书并不能算是我的长项，因为和一些学界的大师相比，我读书的数量既少，记忆也有限。我们知道有些大师的佳话，比如他可以指着图书馆的一个书架子说："这个架子上的书，我已经全部读过了，甚至于我已经全部背下来了。"于是，就有人从书架上取下一本书翻开至第232页，他果真能把此页上的内容给背出来。当然，这种人也不多，但确实是有。还有的人精通好几国语言，在国际会议上别人谈论到某书，他立刻能用拉丁语、意大利语、德语或英语的版本讲一通。这些都是我做不到的。既然如此，那我为什么还要在此讲座呢？我觉得，在自己读书有限的情况之下，真还读出了些感悟来，真还读出了点用处来。如果把读书当成吃饭的话，那我的饭量是很有限的，但消化、吸收尚可。所以，给大家介绍一些这方面的经验。

一、读书需趁早

这里面有两个意思：第一，趁着童年、少年的这段时期，多读书。时至今日，很多的书，我都是儿童时期阅读的，无论是《唐诗三百首》、《千家诗》，还是《道德经》、《庄子》等，以至于一些爱心教育、童话故事书。一直到年轻的时候，阅读了辩证唯物主义、历史唯物主义这些书。

第二，要“加码”读书，要“超前”读书。这个说法可能和某些人所提倡的循序渐进不完全一样。因为，我在特别年轻的时候，甚至是后来，都有一个习惯，即若这本书我能懂 30%—40% 的话，就一定要去读。在阅读的过程中，直到读完了以后，大概就能懂 50% 或 60% 了。如果我已经有这样的理解程度了，待回头再来翻翻的话，差不多 80% 至 90%，甚至于 100% 都能读懂了。可以说，许多书我都是这么读过来的，如《大学》：“大学之道，在明明德，在亲民，在止于至善。知止而后有定，定而后能静，静而后能安，安而后能虑，虑而后能得……”像这些东西，我当时都已经能背诵下来了，可并不太懂，但我也先把它背下来再说。

在新疆，我曾读维吾尔文的书，读乌孜别克文的书。其中，包括新疆出版的，以及北京民族出版社出版的，还包括大量的哈萨克斯坦和乌兹别克斯坦出版的维吾尔文或乌兹别克文的书（当时中苏关系十分紧张）。一直再到高尔基的《在人间》，到

《我们时代的人》……我都是那个年代读下来的。

我也和大家说实话，其实本人的英语并不好，还没有过关。但是，我也认真阅读过英语的书，如海明威的短篇小说集。另外，我和英国女作家多丽丝·莱辛（Doris Lessing）很有缘，我们是同一届领取了意大利蒙特罗文学奖的。有趣的是，我们都是很早起床，又总是在早餐之前相约去游泳。她的书很好读，因为里面的句子比较短，如《金色笔记》、《非洲的笑声》等。当然，我也爱读艾米莉·迪金森（Emily Dickinson）的意象派诗歌和约翰·奇弗（John Cheever）及其女儿回忆父亲、回忆家庭的书。这些我都是从英文书中读下来的，而且我觉得基本上都懂了。

我很喜欢做一件事，或许这对于那些真正想学好外语的人而言，并不是好办法，即“连蒙带猜”。我经常发现，从字典中查出来的结果和自己猜测的结果相差无几。所以，我觉得这种“加码”读书、“超前”读书，能够使得自己的学习细胞活跃起来，这确实是一种好办法。

二、爱书、释书、疑书

“释”就是解释，可不仅仅是加以说明，而是要加以发挥。如李白写杨贵妃的诗《清平调词三首》中就有“解释春风无限恨，沉香亭北倚栏杆”一句，这里的“解释”就有发散、发挥的意思。而且还要“疑书”，即越是喜欢这本书，就越要认真对待，读此书的目的也不仅仅是为了知道其中的一两点说法，或者是为了应付一次考试，又或者是为了消遣。而是想从中获得一点智慧，或者是想获得一点原来未知的信息，从而增加对人生、对世界的了解。因此，有许多书就是可疑的了，抑或是书中尚有可疑的部分。

我记得在 1994 年的时候，山西某出版社出版了一本名为《第三只眼睛看中国》的书，其作者的署名是（德）洛伊宁格尔，这本书就引起了我的怀疑。因为，这本书的版权页上没有原书名，照理应该有德文的原书名。同时，也没有任何对其版权的说明。可该书还郑重介绍：洛伊宁格尔是德国著名的汉学家。其实，我也认识德国的很多汉学家，询问后获悉：没有这么一个人。然后，我再翻阅此书的内容，便确定这是一本伪书，是中国人冒充德国人的名义所写。这个弥天大谎是我首先发现的。所以，我对书还真“疑”出点结果来了。

另外，还有些书比较难懂，特别是中国的一些古典书籍。所以，你在读书的时候必须有和书的作者切磋、琢磨、商量、谈论的这么一个过程。否则，看了半天，感觉就跟看“天书”一样。比如，我从小就喜欢读老子的《道德经》，其中有些非常有趣的说法：“天下皆知美之为美，斯恶已；皆知善之为善，斯不善已。”其意思就是：你知道了美是美的，它就不好了；你知道了善是善的，它反倒就不善了。老子虽然不解释，但他这个论题很高深。因此，为什么我说是“经验的审度”啊？因为，我有了经验以后，立刻就懂了这句话，很简单。倘若在某些单位不成功地搞一次“评先进”，你们就会明白其中的奥妙了。原本大家在一起工作都挺好的，什么事都没有。可是，要评先进就开始了纷争，一派“老王卖瓜”的景象，更恶劣的是彼此告状，或写匿名信，甚至于还有造假的。自古以来，沽名钓誉之徒、作秀的、给自己树形象的，均大有人在。当然，老子的这番话，我也不是完全赞同的。如果皆不知美之为美、皆不知善之为善的话，也挺麻烦的，即死气沉沉、死水一潭。

老子说：“有之以为利，无之以为用。”其意思就是说：有了，才能够利用它，而真正要使其有用的话，在某些方面，它又得是“无”的。老子举的例子十分高明：一所房子有房顶，有地板，还有四面的墙壁和灯，这就是“有之”，这才能被称为“房子”。但是，若房间里已经堆满了集装箱之类的东西了，它就不能被称为“房子”了，因为它不能够被使用了。这就是“无”与“有”的关系，即在某些事情上，需要“无”，需要留下空间，需要留下机动性。

一个人也是如此，你一定要知道自己有什么，自己又没有什么。我从事写作，因此认识很多字，但又认识得并不全面，像《康熙字典》中的字，我不认识的可多着呢！当遇到自己不认识的字的时候，就要敢于承认，这样才能有所学。绝对没必要装出一副什么都知道、什么都高明的模样。

老子说："大道废，有仁义；慧智出，有大伪；六亲不和，有孝慈；国家昏乱，有忠臣。"这个说法也是非常惊人的。一般的学者都是逐字逐句地进行注解，我却不会这么去理解。但是，我觉得老子的意思就是他主张"道法自然"，即人的德行并不是依靠规范，若有了"大道"的话，大家自然就会表现得非常之好，就会非常慈爱。这是天生的，符合人性的，而不是依靠搞一套"仁义道德"的规范。凡是没完没了搞规范的地方，就说明此地已经"堪忧"了。说老实话，很少有国家像中国这般讲"孝"的。但事实上，是否外国的那些孩子们都对父母不孝敬呢？完全不是。他们不需要这种规范、这种外在的灌输，而是自发形成了亲人间的美好感情，不是依靠约束和形式主义——所谓"仁义"、"孝慈"、"慧慈"、"忠臣"等这些东西，有时都会变成一种形式。

老子说的另一些话就更为神奇了，如："盖闻善摄生者，陆行不遇兕虎，入军不被甲兵，兕无所投其角，虎无所措其爪，兵无所容其刃。夫何故？以其无死地。"他所强调的是"以其无死地"，即若一个人做到了完美无缺的话，他就无懈可击了，就能在艰难、艰险之中如履平地，举重若轻，游刃有余。这些地方就需要用一种审美的观点，而不是把它当作一个很具体的法术。这就很像武侠小说中的"金钟罩"、"铁布衫"，我小的时候就会老想着去练这些盖世神功，并且在上小学的时候还真练习过"铁头功"，遗憾的是没有能成功。因此，只能从审美的角度去理解。

我最喜欢老子说过的审美性语言是："治大国若烹小鲜"。"烹小鲜"即熬小鱼，治理大国就好像熬一锅小鱼那样。历代学者对它都有两种针锋相对的解释：第一种意见认为，它既然是小鱼，那就少折腾些，火力要温一些，也不要来回地搅动小鱼。要不然的话，猛火加上搅动，那些小鱼都会被弄碎了。这样的说法似乎还挺有道理的。第二种意见认为，小鲜太小了，火就很不容易匀，因此就需要不停地调整与搅拌，这样才能够熬得好。我觉得，多搅拌也好，少搅拌也罢，老子的这番话可真是太绝了，简直是妙不可言！同时，也充分体现了两千多年前中国人的智慧。此话表达的含义是：越是在一个非常严重、非常艰巨的任务当中，就越要保持一种平稳、从容的心态。老子讲的就是一种精神状态，一种自信、一种把握，而反对的就是一种慌张、一种窘迫、一种张扬。因此，才能"治大国若烹小鲜"。

年龄稍大点的人可能还记得，在"文革"中批判"孔老二"，说孔夫子认为人民群众"愚不可及"。但是，这个说法是完全错误的。孔夫子在《论语》上的原话是："宁武子，邦有道则知，邦无道则愚。其知可及也，其愚不可及也。"其意思就是：宁武子这个人神了，当这个地方很太平、很有规律、很有章法的时候，他就很聪明，就可以参与社会生活，能够提出很好的建议；若这个地方发生了混乱，他一下子就变傻了，什么都不知道了。如果你想像他一样聪明，那么我们大家一起努力，就都可以做到。即好好学习，多读书，多讨论，一定可以变得很聪明。但是，该傻的时候你要像他一样傻，就做不到了。所谓聪明容易，学傻难，该傻的时候还是傻不下去。我这一辈子，有时候也想装傻，可人家就是老不信这事。所以，我感觉自己是“愚不可及”。

孔子说：“智者乐水，仁者乐山。智者动，仁者静。智者乐，仁者寿。”这就是非常典型的中国古代的境界。他提出了一个天才的命题，但是却不做论证，没有统计学的依据，也没有实验室的依据。因此，也只能从审美的角度去看。“仁者乐山”，没有什么能改变仁者，他是真正有道德的人，他很平稳。然而，“智者乐水”呢？因为水很清澈，且不停地流动着，因而是与时俱进的。所以，智者就很富有水的性格。如果我们真正按照科学主义、实证主义的理论来分析，那么这几句话就无法成立。因为他并没有进行过真实数据的统计。但是，这就是一种形象的感染。中国人太喜欢用形象的比喻来说明高深的道理，以至于有时候，我们的有些政治名词非常文学化，而文学名词又非常政治化。譬如，我们的文艺政策是“百花齐放，百家争鸣”，这话很诗意，似乎不像政策，因此，我认为它是诗一样的政策。在五十年代的时候，曾提过建设社会主义的总路线：“鼓足干劲，力争上游，多快好省地建设社会主义”，这话就很像口号，它充满了感情的色彩。诸如“出大力，流大汗，敢教日月换新天”等政治口号，都充满了诗意。然而，在谈文学作品的时候，却大谈其倾向、矛头所向等内容，感觉好像是在谈政治。其实，这也是我们的文化所留下来的一个遗产。

子曰："饭疏食，饮水，曲肱而枕之，乐亦在其中矣。不义而富且贵，于我如浮云。"这话说得真够漂亮，反腐倡廉的味道浓郁：吃点粗粮大有好处，胆固醇不会过高，还能降低血脂、血糖等。"曲肱而枕之"，这是行为艺术，且我还曾亲身试验过，这样子睡觉的话，照相就很好看了，可是却不舒服。"不义而富且贵，于我如浮云"，这话说得非常高雅。因为他并没有说"不义而富且贵，纯粹臭大粪"，而是"于我如浮云"，即一笑而已，就过去了，没有什么了不起的。

《庄子》是我最爱读的书。他的想象力极其丰富，其最脍炙人口的故事之一，即关于"知鱼"的："庄子与惠子游于濠梁之上。庄子曰：'鯈鱼出游从容，是鱼之乐也。'惠子曰：'子非鱼，安知鱼之乐？'庄子曰：'子非我，安知我不知鱼之乐？'惠子曰：'我非子，固不知子矣；子固非鱼也，子之不知鱼之乐，全矣。'庄子曰：'请循其本。子曰"汝安知鱼乐"云者，既已知吾知之而问我，我知之濠上也。'"

这是段很著名的故事，就是说庄子是个能言善辩之人，言语间处处体现了巧妙，却也不乏狡辩之意。若照故事中的推理进行下去的话，庄子与惠子可以一直辩论至今了：在庄子说了"子非我，安知我不知鱼之乐？"以后，惠子完全可以用同样的句式反驳："子非我，安知我不知子不知鱼之乐？"那么庄子可以接着说：“子非我，安知我不知子不知我不知鱼之乐？”这是车轱辘论辩法。说到后来，庄子就更“讹”（北京方言）了，说道：“子曰‘汝安知鱼乐’云者，既已知吾知之而问我，我知之濠上也。”你说“安知鱼乐”这句话时，你已经知道了我知道鱼之乐才来问我，我告诉你，我是在濠水的桥上知道的。他就是利用了“安”字的多义性进行“狡辩”的，“安”既可以解释为“怎么”、“为什么”，又可以解释为“在哪里”、“在何处”：你在何处知道鱼之乐？其实惠子的意思是，你怎么会知道鱼之乐呢？无论庄子是一个多么伟大的人，他的书我是多么热爱，但是他与惠子的这段辩论，实在是不怎么有理！可是，居然没有人提及这段事，我也不知道究竟是怎么回事了。

我们还可以讲一些非古典的，而是最近非常重要、权威的论述。这些都是可以讨论的，既不是简单地肯定它，更不是简单地否定它。如，毛泽东是一位哲学家，也是一个诗人。他最有名的哲学著作就是《实践论》和《矛盾论》，前者最为著名的一个论断就是：认识是先从感性开始的，待感性认识逐渐增多之后，就要分析其规律，从而进入理性认识。但是，我觉得始终有一个问题是值得我们后辈在学习的同时加以研讨的，即感性认识怎么样就变成理性认识了。我想，我们国家的自然科学在很长一段时间内不够发达，就因为我们缺少对数据的重视、缺少科学实验和大量计算，所以，这个理性认识就显得有点靠不住。上海的学者王元化先生根据康德的哲学理论，很早就提出了：除了有感性认识和理性认识以外，还应该有智性认识（即进行数据的收集、数据库的建立、严格的计算程序等）。如果没有严格的计算，那是不可能形成科学理论的。

毛泽东在六十年代开始感悟到了科学实验的重要性。因此，他提出了“三大革命运动”的说法，即阶级斗争、生产斗争和科学实验。可以说，此时他对科学实验的重要性已经有所觉察。但是，他对数据和计算的重要性还未提及，他依然还是在强调：“人的正确思想是从哪里来的？……无数客观外界的现象通过人的眼、耳、鼻、舌、身这五个官能反映到自己的头脑中来，开始是感性认识。这种感性认识的材料积累多了，就会产生一个飞跃，变成了理性认识，这就是思想。”可是，如何飞跃？他却还是没讲。这个问题非常复杂，我说的也未必清晰，仅供大家参考。

又如，毛泽东的《矛盾论》十分强调：要抓住主要矛盾，抓住了主要矛盾，其他问题就可以迎刃而解了。这倒是很符合中国人的思维模式，即做什么事情都要抓住“牛鼻子”。所以，中国的武功都很讲究“点穴”，在金庸的小说中也是如此。如，点了某个人的“哑门”，他就不能说话了；再一点，就动弹不得了；继续点，他就睡着了；然后，从他身体后面一击，他又恢复了。我们总是认为处理事情（包括治国）的时候，都会存在着某一个点，只要这么一戳，“哗啦”一下，似乎就通上电了。但是，是否各种事情都是这样呢？不一定。

譬如，最近有一种新的说法，就引起了人们的争议，即“细节决定成败”。有一次，我们从浙江横店影视城到宁波去。途中，由于汽车的水箱卡子掉了，水管子就脱落了，因此就无法行驶了。然而，这个水箱的卡子对汽车而言并不是主要矛盾，因为它既不是发动机，也不是车轮。但是，汽车就是无法行驶了。所以，次要矛盾也可以影响一件事情的成败，甚至于细节也是可以影响成败的。

另外，我自己对于“捉住了这个主要矛盾，一切问题就迎刃而解了”的说法也存疑虑。我今年已七十有一了，可从来没有看到过一次主要矛盾解决了次要矛盾就迎刃而解了，而是主要矛盾一解决，次要矛盾就更麻烦了。我讲不出很高深的哲学道理，这都是用经验来审度书本的结果。

三、举一反三、多向思维

读书的时候，希望能够融会贯通，触类旁通，举一反三，而且要有一种多取向的思路，即对待世界上的事物可以有一种思路，也可以有另外一种思路。

当然，数学告诉我们：逆向思维有的能够成立，有的不能成立。比如说“王蒙是人”，这个能够成立，若说“是人就是王蒙”，这个就不能成立。但是，有时候这种多思路的取向，对于我们学习、思考问题都有很大的好处。过去，我们时常讲“马克思主义和中国革命的实际相结合，使得中国革命的面貌焕然一新”。这是讲得何等好啊！但是，我也时常想：“中国革命的实际跟马克思主义结合，使得马克思主义的面貌也焕然一新了。”原来，马克思主义哪有“农村包围城市”、“战略上藐视敌人，战术上重视敌人”、“划分人民内部矛盾和敌我矛盾”等这些东西呢？一直再到“邓小平理论”、“改革开放”、“社会主义市场经济”、“三个代表”重要思想、“科学发展观”、“求真务实的工作作风”等的出现。这些内容，若是光看马克思、恩格斯的著作是找不到的。所以，显然中国革命的实际使得马克思主义的面貌同样也是焕然一新。彼此都需要焕然一新，要不然就会产生矛盾。

例如，过去我们进行“反对农民自私”的教育，强调只有公社搞好了，全国搞好了，你才会有好处。那时候，常讲“大河不满小河干，小河不满渠沟干”。这个话一点没错啊，可反过来说，大河里的水是从哪里来的呢？如果所有的小河都干枯了，那大河里能有水吗？所有的渠沟、井都没有水，甚至于各家各户的水缸里都没有水，自来水管里也都没有水，那试问：大河还能满吗？所以说，整体决定部分，这个是对的；而部分积累得多了，也会决定整体，改变整体。每一个具体的人，每一件具体的事，都对社会、国家和世界有作用。因此，我觉得这种多向的思路是十分重要的。

除此之外，我们还要强调“触类旁通，举一反三”。我们阅读的许多书，从表面上来看似乎都是互不相干的，比如，我们读一本外国的哲学著作、一本外语书，好像是和曾读过的中国古典名著、经典小说毫不相干，可实际上，它们之间又是有关联的，彼此之间是互相有启发、有影响的。

我在《读书》杂志上写过一篇文章《莎乐美、潘金莲和巴别尔的骑兵军》。《莎乐美》是爱尔兰作家王尔德所写，他是一个唯美主义者。王尔德用法语写下了此书，因为当时的英国容不下它，法国也不允许其话剧上演。其实，他依据的是《圣经》上的一个故事：希律王的女儿莎乐美爱上了先知约翰，而约翰却不理睬她。希律王要求女儿跳一支舞，更允诺给她任何想得到的东西。然而，莎乐美想要的却是约翰的头颅。希律王一开始并不愿意这么做，但最终还是答应了女儿。于是，她就捧着约翰的头颅说道："我吻到你鲜红的嘴唇了……"我们国人看到此一幕，顿感毛骨悚然。然后，她父亲就说："这简直是一个女巫，是一个魔鬼，快把她杀了吧……"

这个故事就使我感觉到：我们通常认为"真"、"善"、"美"是联系在一起的，或许一百个故事中，有八九十个故事是这样的，但是，也有"美"与"邪恶"、"残酷"联系在一起的。如莎乐美的美，就与邪恶联系在一起，当她得不到爱情的时候，她就要得到情人的头颅。又如《十日谈》中就有一个女孩把自己心爱的情人的头颅种在了花盆里面，且开出了鲜红美丽的花朵。我还曾听说过，欧洲的某些人有"恋头癖"，这里面还有很多学问，我就不一一展开了，感觉挺恐怖的！

我是在都柏林观看了这场演出的，一边看，一边就想起了《潘金莲》（指老一派的片子，此类片子把潘金莲当成坏人，因为她不仅淫荡，而且谋杀亲夫）。表面上看起来，大家是痛恨她的，但是，看武松“杀嫂祭兄”（也有称“狮子楼”）这出戏的时候，又会感觉到潘金莲的表演实在是漂亮极了。她在穿孝，雪白的衣服，但却露出了花边，说明了她的淫荡。她对武松先是挑逗，而武松是一副大义凛然的样子。当武松掏出刀以后，她就开始做各种特技动作（舞蹈动作），如抢背、涮腰、摔叉子接乌龙绞柱、屁股坐等，辗转腾挪，堪称极致，因淫而死，为色而亡，这里有一种生命的躁动与疯狂。戏曲上有所谓的“有声皆唱，无动不舞”，因此杀人与被杀也被认为是舞蹈，甚至于“打屁股”也是舞蹈。所以，看《莎乐美》时，我始终对《潘金莲》念念不忘，她们彼此之间还真有些类似的方面。譬如，潘金莲爱上了小叔子（武松），而莎乐美的母亲与希律王的关系，也是嫂嫂与小叔子的关系。

可为什么我又提到了巴别尔的《骑兵军》呢？巴别尔是一个俄罗斯作家，是一个犹太人。他非常浪漫、积极地参加革命，而且坚决要当布琼尼的骑兵军。这个骑兵军真是每天都生活在死亡当中，身处头颅当中。所以，在巴别尔的《骑兵军》中是这样描写落日的：“鲜红的落日像一颗砍下的头颅。”我可从来没见过其他人如此这般地描写落日的！因此，许许多多的故事与说法，表面上看很奇特，实际上在此书与彼书之间，在国与国之间，在人与人之间，都会有某些相通的东西。我认为，在读书的时候，能从这本书想到那本书，再联想到毫不相干的又一本书，还真算是一大乐趣。这种感觉就好比是旅游的时候从一个景点逛到了另一个景点，从豫园逛到了七宝街，从七宝街又逛到了灵隐寺……

我现在还常常回想起 1958 年，在自己的生活中碰到了一个“大动荡”、“大挫折”，即当时的反右派斗争。我当时最喜欢读的书就是狄更斯的《双城记》。书中没有描写苏联，更没有描写中国。但是，它却让你看到了在激烈的历史风云之中，人们的命运是怎样无法掌握，又是怎样突然之间化险为夷或是陷入深渊，突然之间就让你欲哭无泪，又突然之间云开日出了。当时，这本书给了我很大的鼓舞和启发，就是要认识这多变的历史。历史往往是严峻的，风雨又是激烈的，人必须学会坚强，应该能够经得住、经得起磨难，不要随随便便丧失信心，也不要随随便便忘乎所以。所以说，完全不同的书籍或其他东西之间，也可以互相启发。

四、读书与生活的互相发现

读书最大的吸引力就在于，通过书来发现世界，发现生活，发现人生；同时，通过实际生活又能够发现书本。即读书的过程是一个相互发现的过程。

古人云："读万卷书，行万里路。"说老实话，"读万卷书"我并没有能够完全做到，但是，"行万里路"我却做到了。因为正赶上了改革开放的时机，几乎每年我都会到万里以外的地方。有没有这样的一个眼界与视野，是完全不一样的。譬如，我们有一些搞文学、搞写作的同行，他们对当前的市场经济发展感觉很愤怒，又很痛苦。他们常常嘀咕：像我们这样优秀的作家所创作的作品怎么才卖一两万册，而那些莫名其妙、赶时髦的东西却可以卖到十万册，甚至于几百万册！就连"福布斯"排行榜上都有作家的大名（包括一些少年作家、中学生作家）。所以，他们就会十分激动地感叹道："我们的人民堕落了！"

我曾在解放日报社出版的《报刊文摘》上看到一篇文章，说有四位非常优秀的作家在某个地区签名售书，结果来者寥寥。记者对他们四位进行了访问，这四位就把读者大骂了一顿，如说"我们中国读者的素质太低"。可这毕竟不是个好办法，如果先把读者骂一顿，也可能下次读者们就更不乐意来了。若你到国外去就会知道：给作家戴上一个极高的光环，这是汉语的功效。其他语种对作家的解释就是"写者"或"写的人"的意思（日语除外，因为我完全陌生）。又如，维吾尔族的农民朋友都知道我是个作家，可他们把每天记工分的人也称为"作家"。这种情况在我们这里是不可想象的，因为我们感觉作家是如此伟大、如此神圣，头上都戴着灵光。作家是有各式各样的，当然也不乏伟大的作家，但是，不可能每一位作家都那么伟大。

我在美国的大学访问的时候，有人甚至还给我建议：如果你要进行自我介绍，不一定强调自己是一个作家。因为在当地，任何一个没有正当职业和固定收入的人，都可以自称“作家”。而那些每天都给情人写信的人，也可以算是“作家”。但是，如果你使用了“教授”的头衔，那就很不错。若没有“教授”的头衔，那就可以称是“文化部前部长”，这样别人好歹也知道你是一个有着正当职业的人，而且还有退休金可以领。

我想说的是：若没有这种阅历的话，仅是就书论书，就文字论文字，就一句话论一句话，有些事情你就会弄不明白。然而，我说的这些是否就有贬低作家的意思呢？并非如此。因为，作家也是一个群体，有写通俗小说的，现在还有写“手机段子”的——据说，中国的通信公司给予这些写手很高的报酬——另外，还有写广告文学的等。

当然，有一部分作家是非常优秀的。但是，您不能要求每一个作家出来以后都迈着方步，都头戴灵光，身后都有一大批追随者。鲁迅先生就说过：革命真成功了以后，作家们很可能就不知道自己干什么好了。不要以为，革命成功了，人民就会端着面包和黄油送上来说：“我们亲爱的作家啊！请你们享用吧！”没有这种事情的。市场也是如此，我们可以要求自己成为非常优秀的作家，我们可以选择精英文学的道路，我们可以选择为中国灿烂的文学宝库添砖加瓦，但是，这也并不是每一个作家都能够做到的。

1949 年至 1966 年的 17 年间，我国出版的长篇小说共有 200 多种，即每年新出版的长篇小说有 10—12 种（重印的不包括在内）。而现在，每年新出版的长篇小说就达 700 多种，平均一天就有 2 种。可以说，没有任何一个人可以把这些书全部读过，哪怕知晓它们的书名，也是不可能的。在这种情况之下，必然会有很大一部分阅读是大众化的阅读、通俗化的阅读、消费性的阅读、娱乐性的阅读，而其中能够有 3—5 本质量非常高的作品，也就不错了。

有时候，我看到一些年轻的朋友，怀着很激愤的心情来分析问题。他们会说："中国的骄傲在于有一个鲁迅！中国的悲哀在于只有一个鲁迅！"这话说得很好，遣词造句也都非常好。可是，我同样也疑惑和纳闷：所有的伟大作家都是不可重复的，中国只有一个鲁迅，中国也只有一个李白呀！哪有人会说自己是"二李白"或"李二白"的呢？如果你自称是"李二白"，那将被人所不齿啊！中国有几个曹雪芹呢？又有几个郁达夫呢？外国的情况也是如此，他们也只有一个莎士比亚。作家之所以伟大，就在于其"独一无二"性，即不可重复，不可再生产，不可再造与克隆。如果有伟大的作家，他绝对不会打着"鲁迅"的旗号，也绝对不会"做鲁迅状"。如果我们对这个世界能有所了解，能多掌握些信息的话，在读书的时候，就不会轻易地被一些巧言令色、哗众取宠的语言所欺骗。

反而言之，我就可以说，这是一种“互相发现”。也就是说，我们如果养成了一个“爱书、释书、疑书，多向思维、触类旁通”的习惯，就会像读书一样读生活，读阅历，读社会，读世界，读春夏秋冬，读荣辱盛衰，读悲欢离合。我说的这些读书的方法，并不见得是最好的方法，因为各自读书的用处也大相径庭。如读书是为了做学问的，则你更多地会注意搜索对同一个话题的不同见解，这也是正确的，甚至你还要搜索一些别人都不知道的、冷僻的材料。但是，我个人读书的方法，正如自己所演讲的题目那样，是一种经验主义的方法，是一种审美感悟的方法，是一种用自己的实际感受、经验来衡量、审度的方法。

五、创造性地读书

我想做个总结。我说的这种读书方法，是一种创造性的读书方法。读书的目的不仅仅是接受已有的知识，而且是要通过自己的个性与经验，通过自己实际的阅历，来跟书本上的内容相对应，再从书本中获得新的启发，或者是发现书本上的“漏洞”，给予其补充。如《红楼梦》中说，这本书最重视的是“事体”和“情理”。前者即指每一个事件，包括这个事情的大小、所占据的分量，以及它的作用。其意思就是：对一些事件本体、本身的来龙去脉要弄清楚。后者即是否符合参与这件事情的这群人的感情、心情和道理，也就是：是否符合逻辑。

读书的过程就是一个创造的过程，而且每读一次都会有所创造。如果完全没有任何创造，只是一味地就书论书、就事论事，我们就会少得到许多读书的乐趣和智慧。以上就是我要总结的第一点，即我们读书必须是创造性地阅读，应该要求自己能创造性地阅读，创造性地工作，创造性地生活。创造的很主要的一条就是把自己的身心、个性、经验放入其中。

第二点，我也提倡审美性地阅读。尽管有一些命题和公式还未完全弄清楚，但是，我们会感觉到：前人已发现了多少美好的观念，多少美好的命题啊！我很喜欢音乐，但对高深的音乐并不懂。看到五线谱的时候，我还得用手指头去数再翻译出那个音符。可是，我曾听音乐家们说过：有些派别的作曲家的曲谱特别漂亮，你不用考虑如何照着它演奏，只要看着曲谱就行，那种一泻千里的感觉实在是太美妙了。当抱着一种审美的、快乐的心态去阅读的时候，你就会从书中获得许多的发现。

第三点，中国有一个成语："融会贯通"。其意思就是：用生活的态度来读书。所谓"生活的态度"就是：读这本书的目的不仅仅是为了知道书，更是为了获取生活的智慧。我们还可以具体地说"生活"：第一，要"生"，即我们要从书中得到新鲜的感觉。如果一本书中没有新鲜感，就可以不去阅读它。第二，要"活"，即真正把书中的命题消化吸收，进入自己的细胞里面，从而成为生活中的一种力量和启发。

每个人读书的情况，各有不同。我谈的这些，或许就适合我这种人的情况。对一个正准备考取博士学位的人来说，我提的这些建议很可能就是无效的，甚至是有害的。又如，对一个正在备课的老师而言，无论新鲜与否都必须看，否则在课堂上就要糟糕了。再如，对一个翻译来讲，他也必须阅读已有的那些材料，遵守翻译的那些约定俗成的规则，即使存在着某些不同意见，也容不得商榷，必须照着翻译。

2006 年 10 月

浏览、阅读与我们精神生活的质量

网络简化了一切?

先是广播、电视的发展,然后是电脑、网络、手机的发展,使获取信息变得越来越便捷与舒适了。早在视听电器的控制板使用以后,已经有有识之士提出,人们的注意力的频频变换,会造成心神不定、信息杂乱,只剩下了走马观花,再无聚精会神与认真钻研,也再无精神活动的深刻性与高端性的问题了。

是的,当今信息工具、信息处理手段的性能与科学技术含量日新月异地膨胀着,例如电脑,例如异军突起的 iPad 与 iPhone。同时对于使用这些工具的主体的要求却越来越低了。为了推销这些商品和手段,它们的操作必须迎合最低智商、近于"傻瓜"的人的方便与要求。工具越先进,其操作就必须越简单,你只消敲几个键,就要什么有什么了。它比以往的读书、查书、抄书、背书、思考、温习……不知简便了多少。

现代人，几乎通过网络简化了一切，网络可以安排旅行、代办机票、餐饮、住宿等各种手续，可以淘宝购物投资理财保险，可以网恋交友觅偶，可以问事查字查词翻译，可以代行银行、邮政直至医药业务。甚至于，求职、求爱、申请补助、检讨错误、学位论文、结婚离婚的种种文本，也都可以从网上找到范本，可以照抄，也可以略施小计，改头换面，十分钟完成过去要几个半天才能做好的事情。

民主性与盲目性同时存在

在我国，网络的发展还带来了群众的民主参与及监督的便捷，一些坏人坏事就是网民们首先发现并群起而攻之的。国家领导人也开始应用网络与网民直接对话，这当然很好。

网络的发展会形成（有时是骤然形成）强大的网民舆论，强大的道德谴责，仇官、仇富、仇名人，形成无法查对也拒绝推敲的众口一词，其民主性与盲目性，草根性与“多数的暴政”性同时存在。

网络的发展还带来巨大的经济效益，网上的商业活动与交际公关活动迅猛发展、势不可挡。而一个点击率高的微博写手，他的一百多字的微博收益可能远远高于一个专家的专门学术著述。

同时，纸质的媒体开始受到挤压，读书的风气一再被上网浏览所削弱。所谓的主流媒体，受到百般嘲笑。有人预言网络时代的到来，有人预言文学与书籍的式微。看电视、听广播当然比读书更直观，更有感官刺激，也更解闷与舒适。看电视上美女与猛男的床戏当然比读《红楼梦》里的爱情描写更火爆。而电脑的发达与俯首听命更比广播电视丰富好看好使得多。于是越来越多的人鄙视冷落学术与艺术大家。市场欢迎的当然是能便捷与舒适地获取信息的手段和相关产品。

操控我们的头脑与灵魂?

便捷与舒适使受众获得的信息百倍千倍地增长，数量大增的信息刺激了获得更多更有趣更刺激的信息的欲望与永无缓解的信息饥饿症。公认的浮躁流行病的后果是成倍地浮躁。于是以秒计算浏览时间的微博与博客代替了花费数小时才能读完的论文，更代替了花费数月乃至数载才能攻下来的长篇巨著，成为受众的宠儿。有时，粗野与狰狞成为吸引眼球的“风格”。碎片化的“思想”，耍笑化的“段子”，俏皮话的“自得”，八卦式的“渊博”，不文明的“争论”，歪曲变形的“流行新词”，千奇百怪的化名与潮起潮落式的以与人为恶为特色的声讨与人肉搜索，已经相当程度地代替了传统传媒与言论文明，成为所谓P民与草根们的精神食粮。同时它们与传统传媒特别是主流传媒分割成了两重天地，与传统传媒成为互相不怎么沟通的两个世界。一边是讴歌、赞叹、豪言、比好还好，一边是牢骚、爆料、捅破、根本不信。真假难分，是非难分，谣言与证词难分。而真正高端的文化与理论乃至信息精品，越来越少人问津了。

全世界已经有越来越多的有识之士提出来，网络化乃至现代性的结果，除了各种方便与推进以外，也可能带来精神生活浅薄化、快餐化、碎片化与单一化的危机；有可能培养出一大批什么都知道一点点，什么都是人云亦云，半真半假，而没有自己的感悟、没有自己的查证、没有自己的任何创见的“聪明的白痴”式的网络信息小贩；有可能让手段先进的媒介，操控我们的头脑与灵魂。说得严重一点，就是便捷化与舒适化有可能制造浅薄化与白痴化。

不能忘记高端的文化追求与文化献身

当然不是说先进的智能工具不好。而是说，作为一个伟大的古老的文明国家的后人，至少其中一部分比较优秀的人士，完全可以做到在任何情况下不放弃苦读与苦学的传统，不放弃自身的头脑的选择、消化、辨识、质疑、延伸、推导、洞察、发现与发明的功能，不放弃“书山有路勤为径，学海无涯苦作舟”的理念，不放弃明窗净几、潜心阅读的快乐与庄严，不满足于聪明的白痴随时卖弄白痴的聪明，以真正的经典的学者、发明家、思想家、科学家、文学家为榜样，阅读经典、守卫经典，致力于深刻的发明创造，不仅是开拓市场与凑热闹，不仅是混个点击率，而是做出无愧于祖先与后人的对于精神瑰宝的贡献。

我们一定知道，学习、实践或实验、研究、思考、创造，是不可能便捷化与舒适化的。便捷与舒适的浏览所得，至多是浅浅的一层表皮，它不能代替长久的专注。精益求精的刻苦，永不停息的探索，反复的查证与纠错，系统的阅读与钻研，既能登高望远，又能见微知著有独特发现。取法乎上，仅得乎中。我们不能忘记高端的文化追求与文化献身，我们要善待科学技术与各种时尚产品，我们更要善待自身的头脑与古往今来的治学传统和经验。

2012 年 10 月

现代性、文化与阅读

我最近很喜欢思考一件事，我们在中国甚至可以说在世界都是最有传统的一件事，读书，似乎遇到了一些新的挑战，遇到了一些新的问题，所以我想就“现代性、文化与阅读”这个问题说一点自己的看法。

我用的是“现代性”，这个词国内用得并不多，外国更喜欢用。我们用的词是“现代化”，1964 年，在第三届全国人民代表大会上周恩来总理就提出了要实现农业的现代化、工业的现代化、国防的现代化、科技的现代化，简称“四个现代化”。这个说法和西方学者用的“现代性”既一致又不完全一致。西方所说的“现代性”是一个整体，包括管理的现代化、体制的现代化、生活方式的现代化等等。

作为国家的一个大政方针，“四个现代化”是我们社会主义的现代化，这是无可怀疑的。而且这方面我们已经取得了非常大的成绩，带来了生产力的大发展，带来了生活质量的提高、生活方式的改变。但是在国外也颇有一些人喜欢对这个现代化打问号，尤其是西方的左翼知识分子，所谓“西马”，就是西方马克思主义者，有许多对现代性的质疑，有许多对发展的质疑。因为现代性在带来大量的发展的同时，也带来一些问题，比如世界越来越显得单一化，比如自然环境受到了越来越严重的破坏，比如有些民族的传统文化保留不下来了。

现代性带来了科技的巨大进步；带来了信息与知识的获取手段的迅猛发展；带来了传媒的发达和日新月异；带来了信息量的急剧增加，以至于被称为“信息爆炸”；还创造了大众的广泛参与条件，使文化民主，使公民的文化权利得到了越来越多的保证和推进。在这样一些进步当中，市场、传媒都有巨大的作用。我们国家现在已经是全世界上网人数最多的国家之一，可能比美国略少一点，我想用不了几年肯定会比美国多，因为我们的人口多。如果连手机上网都算上的话，我估计现在可能已经比美国多了。

西方有一种论点，认为电脑的使用、网络的使用本身会提供一个消除专制和独裁的可能，消除极权政治的可能。我顺便说一下，现在这个“极权”常常被写错，我这里要讲的、要批评的、要谴责的是“极权”，不是“集权”。“集权”是一种行政管理，分权还是集权，本身没有任何贬义。但是“极权”指的是专制和独裁。

早在九十年代初期，有一次我和当时的美国驻华大使芮效俭一块儿吃饭，他就说，美国人认为，允许个人电脑存在和使用的国家不能算极权国家。那时候没有网络，现在还有了网络了。文化民主是一个令人喜悦的现象。我们现在看到网上，我不知道这个数字，我想起码是几百万人在开博客、开微博，他们都有发言的权利。当然也有一些管制，有一些管理，全世界都有管理，毕竟有各式各样的声音，有些喧哗的声音，有些歧异的声音，有些不同的声音。我们国家还挺有意思，就是网民监督。网民的监督技术非常高超，谁谁谁抽了什么烟了，戴了什么表了，戴过几种表，都可以监督到。比如说在网上已经发现他戴了八十多种表了，由“表哥”变成“表帝”了。这种监督技术真算是非常精明的。我们的一些领导人，包括胡锦涛同志、温家宝同志也都曾经通过网络和网民有直接的对话与交流。我们可以看出来这方面所起的一些积极作用。

但是它对传统阅读的挑战性也非常强。传统阅读在近二三十年来受到的挑战太多了。首先就是多媒体和视听技术，因为视听信息比文字信息、符号信息容易接受得多。很简单，比如一个爱情故事，你看三百行爱情诗，或者读二十页对爱情的描写，这是很动人的，但是如果它变成了电影、电视，或者是其他的音像产品呢？你看到的是美女，是靓仔，你看到的是他们的眼泪、拥抱、接吻、上床，推下去，打起来，各种的纠葛、纠结，就容易接受得多。那个能够认真阅读三百行爱情诗或者二十页小说的人，假如说在一定范围内是一百个人的话，那么乐此不疲地看那个画面和声音的（可以做得很高雅，也可以做得很刺激，很通俗，很吸引人），就绝不仅仅是一百个人，很可能是一万人或者十万人。

到了网络时代，这个挑战就更厉害了，全世界都已经表现出了这个特点。台湾原来有两大报系，一个是“联合报”报系，一个是“中国时报”报系。这两大报系影响大得不得了，赚钱也赚得多得不得了。现在它们相当艰难，就是因为网络的这些信息已经取代了报纸。严重到什么程度呢？一个又一个地预言，文学将会死亡，诗歌将会死亡，小说将会死亡。那些人的观点就是，谁去看小说呢？假设描写的是二女一男，或者二男一女，或者三男两女的感情纠葛，看电视连续剧，看电影，看 3D，看 4D，那不是好看得多吗？也容易接受得多，也不费劲，也不伤眼睛。有些人已经开始有这样的看法。

有时我觉得非常有意思，我们的传播手段、传播工具、信息科学、信息技术越来越发达，而对享用和使用这些手段的人的要求却越来越低。写书的人需要写得好，印书的人需要印得好，同时读书的人也要读得好才行。比如说我们要专心，不专心是不能很好地读书的。图书馆是很安静的，图书馆里不应该有噪声，不能有窃窃私语。而且读书的人还得有相当的领悟能力、想象能力，才能把书读下来，才能在读书当中得到无限的乐趣。

但是现在，传播的手段、复制的手段、下载的手段越发达，它对使用者、对使用主体的要求就越低。只要认识几个键，只要会敲这几个键，就行了。我多次访问过美国、欧洲的一些国家，也参观过它们的一些企业，它们有个什么理念呢？就是它们的电器或其他用品的说明书是给“白痴”准备的，越简单越好，傻子也能看清楚是怎么回事，甚至不看说明书也能猜得出来，手一碰就行了，就对了。这就是获得信息的便捷化和舒适化，正在形成获取信息者的浅薄化、单一化、消费化。

过去读书是很认真的一件事情，尤其是中国人，中国人是很提倡读书的。书中自有黄金屋，书中自有颜如玉。虽然说得俗一点，它无非是告诉你，通过读书你可以改变生活，你可以取得更大的人生成就。可是现在呢，读书可以变成一种消费，一种非常轻松、舒适的消费。

早在 1980 年我第一次访问美国的时候，美国已经在宣传他们出的儿童读物会唱歌了。其实非常简单，比如你写的是一个童话，是两只鸟的对话，那么你翻到这一页这两只鸟的时候，就把开关打开了，电池的电就接通了，就出来鸟叫的声音了，还出来英语对话的声音。美国又发明出能吃的书来了，比如它的最后两页是可以吃的，读完了最后两页呢，味道跟饼干差不多，或者和加苏格兰威士忌的巧克力差不多。书会唱歌了，书会说话了，书有香味了。用这种方法来吸引儿童看书，我相信都是非常成功的。但是呢，我也杞人忧天，咱们以后看书谁还特别认真地阅读与思考呢？咱们等着听唱歌嘛，咱们等着闻香味好了。那将来它的性能可能越来越多了，说不定书还能起中药的作用，读这个书能补肾，读那个书能平肝，读那个书能化瘀，然后它还能够提供少量的营养，或者里边还有咖啡因，还可以提神……

如果我们的阅读不是以语言和文字为主要的符号，而是以各种直观的或者直接享用的视觉的、听觉的、嗅觉的和味觉的器官感受为主要渠道的话，它的好处是热闹、丰富、容易接受，它的坏处就是思想浅薄。

这里有一个什么问题呢？就是能够最深入地介入人的思维的，恰恰是语言和文字。音乐当然可以有很深刻的内容，音乐通过听觉可以使人有非常深刻的思考，但是当你从音乐的思考变成了思维的时候，中间已经有大量的语言和文字——你的积累、你的知识、你的思想、你的观念——介入。比如说假设你听的是柴可夫斯基，你从这里边感觉到他的某些忧郁、美丽、浪漫，他对人生的渴求……这么想的时候，你已经有一批语言文字的符号在脑子里浮现。如果你是听贝多芬，你想象到了他的雍容、华贵，他的那种全面的力量感，这也是有文字符号介入的。这里我不细说了，语言学家、心理学家都对这些问题很有兴趣，就是人的思想能不能脱离语言和符号。有人说能，有人说不能，不管能和不能，语言和文字在人的思维当中起的作用最大，比别的东西大。所以如果书籍变成了能视听，或者带味道，甚至可以吞下去、可以泡水喝的东西以后呢，它的那种介入思维的能力反倒会降低。

这里还有一个问题，外国也在讨论这个问题，就是浏览的习惯正在代替阅读。浏览，就是飞速阅读，数量非常之大。有一个数字我没弄清楚，我是间接从别人的文章里看到的。它说全世界有一个统计，上网的人在网络上浏览一页内容的平均最长时间是31秒，中国还低于这个数字，中国人是20多秒就算看的时间非常长了，深思熟虑了。

还有两个数据让我不安，说用手机上网，现在全世界第一的是中国。外国人上网还要稍微集中一下心情，要坐在桌子前面，如果没有桌子的话，如果他在飞机上或者用电脑上网的话，他要把电脑放在自己的膝盖上，至少要把一个笔记本电脑打开，或者是台式的电脑打开。

还有人告诉我，他们在国外旅行的时候，看到外国人在地铁上读小说，读厚本的书，读报。这个我倒是过去就注意过，他们在铁路上、飞机上、汽车上阅读，有时候汽车颠得很厉害，很毁眼睛。我当时的印象，八九十年代的时候，苏联人在地铁上读长篇小说，都是很厚的书拿在手上，甚至没有座，倚靠在那个铁杆上读。英美人也常常是拿着厚厚的报读。

可是中国人几乎百分之百是读手机，就是浏览。浏览和阅读是两类活动。浏览的内容往往不是特别有用，人也不专注，量又非常之大。如果你点击一下文学类的网站，屏幕上出现的网站之多会吓你一跳，多了以后人的最大特点就是无法专注。我常常想到二十世纪七十年代的时候，一些中等城市开始有电视，那时候我在乌鲁木齐，电视就只有一档节目。我在这个电视上看《红雨》12 次，看《春苗》15 次，看《决裂》8 次。而且那个时候常常放着放着没了，过一会儿又开始了，开始的时候它先出现两个字："故障"。还有时候看着看着停电了，又过了一个小时它突然又来了，来了以后呢，那屏幕上先出现两个字："停电"。所以我女儿最早认识的四个字，就是"故障"和"停电"。

尽管如此，那时候我看电视还知道看的是什么，现在呢，我有机顶盒，能收到起码 80 多个频道，我们还能看到落地的凤凰中文、凤凰资讯，还有华娱等等，这一晚上我真不知道我看的是什么。比如看了某个节目感觉不好，又去看李娜赛网球，一打开看李娜连着输俩球，换别的，看围棋吧，围棋完了又看电视剧，剧情完全不合道理，都是间谍，每 100 个人里起码有 26 个是间谍……所以，浏览造成人获取信息的一种新的态势。

美国人对此非常敏感。我 1980 年第一次访问美国，1982 年第二次访问美国。我在美国看到一篇文章，当时美国刚刚制造出遥控器，有一帮知识分子就认为遥控器在造成美国人智力的下降。为什么呢？遥控器可以轻易地转移对象，让人不必持续地专注，让人丧失长久的注意力。心理学家很讲究注意力，注意力是一个人的精神能力的重要方面。以至于这篇文章提出来，像遥控器这一类器具的发明造成了人精神的恍惚，造成了这山望着那山高，造成了人没有注意力、没有后续跟踪，造成了不负责任。有的说法我都觉得有点小题大做，故弄玄虚。它还说，美国人在性关系上越来越不负责任，也跟遥控器的发明有关系，换一个性伴侣就跟按一个键一样，一按就跳出来一个，一看不好，又跳一下。这个说法我们可以不同意。但是他们很认真，好莱坞还拍过这种电影，这种反面的科幻。总之，浏览是不能够代替阅读的。

在这种情况下，人的趣味和生活方式都变了。好处是什么？大众参与很容易。一切都要考虑大众的参与，都要娱乐化，都要消费化。现在很多严肃的节目也都在往消费化上走。《百家讲坛》越来越像说评书，变成说评书才好呢，我不是贬低说评书。连科教节目也拼命地给你讲故事。有些科教节目是很好玩的，讲的人是俊男靓女，口齿清晰，声音婉转，态度良好，就是那个内容实在没有科学含量。连法制节目也变成了一个又一个的迷魂故事。刚才我说浏览代替阅读，这种传播手段的发达还产生一个问题，就是传播的外在形式比内容更重要。拿讲解来说，一个人口齿清晰、音质美好、表达生动、手势得体，这些东西好像比他讲什么内容还重要，有没有真知灼见，有没有真才实学，反而显得没那么重要。

大众参与也产生了一个问题，一个很严肃的问题，就是在发展文化民主的同时，怎样才能有文化精英、文化人才、文化大师、文化巨匠。比如讲到中国的文学，我们当然强调人民是艺术的母亲，《诗经》里最受欢迎的还是国风，各地的民歌。但是与此同时，文化还是需要大家的。我们讲楚辞汉赋、明清小说的时候，不能不想到屈原、司马相如，或者李白、关汉卿、王实甫、曹雪芹等等。法国最让人震惊的、最给人以冲击的就是巴黎的先贤祠。所以，第一需要民主；第二需要精英，需要人才，需要天才，需要划时代的人物，需要高端的果实。

现在看来，这种经典性的、高端性的东西越来越少。而传播手段的先进、传播方式的成功，产生了大量的电视明星、网络明星等，但是它的文化含量、科学含量、思想含量，它的创造性的成果，实际上非常有限。文化快餐代替了巨著，代替了发明和发现。这些现象呈现了一种现代化进程中的精神生态危机。

全世界对这个问题提得都非常严肃。有人说网络时代快到了，有人说纸质书籍快灭亡了。我并不是一个非常保守的人，我从来对网络上的各种活动都抱一种正面的态度，也积极参与，网络上的征文我也参加过，也当过评委，也发过奖。但是我确实有这样一种担心：思想的碎片代替思想的深刻，片断的想法代替系统的研究和发现。

现在复制技术太高超了，你抄我的我抄你的，你复制得成功也算你的成功。我们的文化生活从来没有像现在这样丰富，从来没有像现在这样有那么多人参与。那么多老百姓，不管高龄的老人还是四五岁的小孩，都可以开微博了，都可以参与其中了。现在的文化生活正在解放着广大群众的智力，正在使广大群众能够掌握大量的信息。但是另一方面，我们又不能不感到一种隐隐的担忧，我们缺少文化大师、文化巨人。这不光是中国的问题，美国、法国、德国也有同样的问题。这是一个很有意思的问题，在文化繁荣、文化发展的同时，怎么解决大众文化和精英文化的关系，怎么解决文化民主、文化普及和文化高峰的关系，怎么解决文化的便捷的享受和铸造当今的文化经典的关系。

我们不能不看到另一面，当人们评价一个时代的文化成果的时候，是以这个时代最高端的学者、科学家、哲学家、思想家、文学家、艺术家来做代表的。俄罗斯十九世纪的文学曾经有高度的辉煌，我们当然不是指俄罗斯当时的普通老百姓的创作。现在苏联已经解体，人们对苏联有各种各样的批评和否定的意见，但是要讲曾给过我们影响的苏联文学，当然我们也指的是那些最高端的文学著作。对其他国家也一样。

我的意思当然不是拒绝网络，不是拒绝传媒，不是拒绝先进的、科技含量极高的获取信息、复制信息、传播信息的那些令人十分喜爱、十分沉醉的手段。但是到现在为止，我仍然认为，读书是获取知识、提高自己的文化的最重要的途径。

有一个理论：占有就是被占有。当你占有了网络这种手段以后，你小心你已经被网络所占有。你上网已经上瘾了，也不爱看书了，也不爱思考了，也不爱交谈了，尤其不爱长时间跟踪研究一件事了。十几二十年去做一个题目，这样的人越来越少了。你在网上点击一下，眼睛瞄一下，哪一段有用，把它选中，复制，再放到另外一篇文章里面粘贴一下就行了。

一个朋友写了一篇文章，给我很大的启发。他说在苏格拉底时期，人们发明了拼音文字，当苏格拉底看到人说的话用简单的二三十个字母就能全部拼出来的时候，他忧心忡忡，他认为这可能是人类的一个灾难。类似的问题，他说了以后我才有体会。为什么孔夫子述而不作？不是因为他懒，也不是由于他用手写字有困难，而是因为语言是有它的许多因素的，它有它的声音，有它的语气，有它的语境，有它的前因后果，有它给你的那些直接的感觉。你可以听出来说话人的心情，哪些话是反话，哪些话是哭着说的，哪些话是愤怒的，哪些话是故意跟你装糊涂。但是变成文字就没有了。西方学者认为苏格拉底闹了一个笑话，因为事实证明文字并没有破坏人类的文化和思想的活力（也不是绝对的，这里我加一个括弧，这是我说的）。如果没有文字的话，起码各种会议上的念稿会少得多，我们一块儿开会，我估计开得比现在还生动。

那么现在呢？这种新的信息手段远远超过了拼音文字的发展，新的手段，新的智能，新的表达方式，新的吸引你、征服你、诱导你、操纵你、暗示你的可能，比过去的任何时代不知道大了多少。西方语言学也有一派，认为语言和文字在传播文化、沟通社会的同时，也造成了极大的危险，就是人们被语言给固定化了，语言已经造成了一个固定的模式。你一看中秋的月亮，马上想到的是“皎洁的月亮”，或是“明月几时有，把酒问青天”。话非常好，诗非常好，但是你已经没有自己的思想了，没有自己对于明月的感觉了，苏东坡已经替你感觉过了，你现在对明月的感觉只不过是苏东坡对明月的感觉的第N次重复和第N次衰减。西方连这种观点都有，现在的信息手段比这种观点更危险。

那么怎么办呢？

我们还是要提倡认真读书。很简单，读书是不能替代的，不能用上网替代，不能用看DVD替代，不能用敲键盘替代，甚至也不能用手机和电子书来替代。正是最普通的纸质书（将来还有什么样的介质我不知道），表达了思想的魅力，表达了思想的安宁，表达了思想的专注，表达了思想的一贯。

2012年11月

文学十讲

第一讲　风云际会，雄武沧桑

大家好，非常高兴有机会和大家一起讨论一下“文学的启迪”，就是文学究竟能给我们什么样的启发、什么样的帮助。当然，文学是多种多样的，因人而异，不同的人对文学也会有不同的期待，启迪的话题可以有许多种讲法。那么我呢，就十四个方面的启迪来谈一谈。首先我想谈的，就是该怎样从文学当中了解历史。我起了一个题目叫：风云际会，雄武沧桑。

我们可以回想一下，我们对于历史的许多了解，一部分当然来自于历史课程和正规的历史书，还有相当大的一部分，并不是从正规的历史教科书里得到的，而是从文学作品当中得到的。比如说《三国演义》，认真地看过陈寿的《三国志》的人很少，但是知道《三国演义》、听过评书、看过京戏的人非常多。

甚至当你发现《三国演义》里有些事情与真实的历史不相符的时候——例如周瑜并不是一个心胸狭隘的年轻人，他的年龄其实比诸葛亮还大，曹操也很可能并非那样奸诈——你会觉得非常遗憾。你会觉得，不是演义应该与历史符合，反过来，你会希望历史与演义符合。

比如说岳飞，真正读过岳飞传记及相关历史书的人非常少，但是知道《精忠岳传》、《说岳全传》的人很多，这是一个事实。什么岳飞出生时他母亲梦到大鹏鸟啊，婴儿时遇到洪水乘瓮逃命啊，岳母刺字啊，这些脍炙人口的故事多半是从通俗小说中而不是从正史中读到的。这说明什么呢？这说明历史故事、历史演义、历史传说是文学的起源之一，尤其在中国是这样。在中国，大量的文学作品，尤其是长篇小说，原来都是民间的历史演义。欧洲不太一样，欧洲对历史的文学化更多地表现为史诗。

还有一点，在最开始的时候，历史专家与小说家、诗人并没有非常明确的分野，历史与文学不是分得非常清楚的。最明显的就是《史记》，它写得太生动了，太戏剧化了。比如"鸿门宴"，比如"张良学艺"，比如"萧何月下追韩信"，那么有戏剧性，那么个性化，那么有吸引力，那么多光彩夺目的细节，语言又是那样生动，就会让你觉得，它是文学！严格的历史其实要枯燥得多。有时候文学所表现出来的历史，和你纯粹从历史上了解到的一个时期的政治权力、经济发展、民族与人群的盛衰、朝代的兴亡还不太一样，它更多地让你体会到人在历史中的激情，人在历史中的遭遇，人在历史中的命运。

《史记》里我最爱读的部分，并不是别人评价最高的那些章节，而是最不重要的章节，虽然不重要，却让我非常感动。其中就有《范雎蔡泽列传》。范雎在魏国，跟着须贾到齐国去出差。齐王听说范雎口才特别好，就给他送了点礼物，送了十斤黄金，还有些酒肉之类的。这事被须贾知道了，回到魏国一汇报，立刻把范雎判为里通外国，把他打了一顿，肋条骨也打折了。然后范雎就装死，大家把他扔到厕所里头，还把尿尿到他所谓的尸体上，来惩戒那些里通外国的人。但是范雎呢，想办法跑到了秦国，以张禄的名义，在秦国当了宰相。多年之后，须贾被派到秦国去求和，因为秦国太强大了。这个时候范雎故意穿得破破烂烂，来到了宾馆，来见须贾。须贾一见说，哎，这不是范叔嘛，你原来没事啊？怎么潦倒到这个地步了呢，穿得破破烂烂的。其中他说了一句话，不知道为什么，这种话特别使我感动。他说了什么话呢？须贾说："范叔固无恙乎？"我也不知道为什么这么喜欢"无恙"这个词，一说到"无恙"我就特别感动。"别来无恙"，从字面上来看，就是别后你没出什么事，或者说没生什么大病，你还没得癌！可是这个话听来特别有感情。与你说"一向可好？"或者说"Are you still OK？"那感觉完全不一样。一说"范叔固无恙乎？"你就会觉得，哎呀，只有老朋友才能这样说！然后范雎就假装说，我现在是打工的。须贾说你太可怜了，你不在这里活动活动？范雎就说，我还活动什么呀，我都到这地步了，还有什么好活动的！须贾有些怜悯他，就把自己穿的一件绨袍（绨是一种绸缎，没有什么光泽，在北京你也可以买到用绨做的小棉袄）给了范雎，范雎就穿上了。以下就不细说了。后来须贾发现秦国的宰相张禄就是范雎，就趴在地上，说只求速死，说我不是人，我做的都是坏事，拔下我的头发来计算我的罪过都还不够。范雎说，像你这样的人，杀一百次都是可以的，但是呢，看在你给我绨袍这个情面上，饶你不死，快滚回去，要魏齐的头。魏齐就是当年把范雎定性为里通外国，命人把他往死里打，完了让人往他身上尿尿的那个人。

我不知道为什么这样的故事总会有一种力量，让你感觉到，在历史当中，除了那些大的事件以外，个人的命运也会有这样戏剧性的变化，也会这样引人深思。

相对来说，《三国演义》精彩，但是我不感动。我不知道你们怎么认为，我总觉得《三国演义》让人感动落泪的地方比较少，你净看一个比一个精，一个比一个奸，但动情比较少。不过《三国演义》里有一个地方，也让我感动，与“无恙”这两个字也有关系，就是“诸葛亮智算华容，关云长义释曹操”那回。赤壁之战，曹操败北，路经华容道。诸葛亮估计曹操一定要从那里逃，就派关公在那里把守，但是曹操对关公曾经有恩。曹操一听前面关公拉出队伍来了，就说，既到此处，只得决一死战！众将说，人现在还有劲，马已经没有力气了，没法打这个仗。然后程昱——曹操手下的一个谋士——说我知道关公这个人啊，讲义气，你跟他说说去！于是曹操就过去了，纵马向前，欠身谓云长曰：将军别来无恙！又是“无恙”两个字。我不知道为什么这两个字对我有一种魔力，我每次看到这儿，都很感动。关公一开始的时候说我已经报答过你了，早就报答过了。但是这个时候曹操又说：过五关斩六将之事，还曾记否？大丈夫信义为重！关云长心中不忍，把马头勒回，就把曹操给放了。这个故事在历史上并没有依据，但在文学作品里，这就是把历史文学化的一个杰作。还有一处感动，就是刘备托孤。这个刘备太损，他托孤的时候说，我这个阿斗啊不成样子，如果他有希望，你诸葛亮可以帮助他，如果没有希望，你可以取而代之。诸葛亮在底下只有叩头的份儿，说我绝对不能做那种不道德的事情，不忠于自己的君主，还要取而代之，我绝无这样的思想。看到这儿，我总是有点感动。

当然，还有很多历史人物在文学中都成了脍炙人口的经典形象。我举一个例子，意大利有一部非常著名的长篇小说《斯巴达克斯》。斯巴达克斯是率领罗马奴隶起义的一个英雄、一个好汉，但是最后他失败了。虽然马克思也讲过斯巴达克斯，恩格斯也讲过斯巴达克斯，但是如果没有这个文学作品，我们对斯巴达克斯的了解，还是非常有限的，有了这部小说就不一样了。

刚才我讲过中国的岳飞，我们也是通过民间的故事了解他的。文天祥的事迹我们都知道，但是文天祥能有今天这样的影响，有今天这样的威望，与他自己的诗与相关的文学作品是分不开的，因为我们在他的诗里头看到了那种历史的激情。文天祥的诗叫《正气歌》，他说："天地有正气，杂然赋流形。下则为河岳，上则为日星。……时穷节乃见，一一垂丹青。"人是顶天立地的，囊括宇宙，通达八方，这诗表现出来这样一种气魄。那么岳飞呢，除了有《精忠岳传》以外，还有《满江红》词，这是文学。当然，后来还有歌。"怒发冲冠，凭栏处，潇潇雨歇。抬望眼，仰天长啸，壮怀激烈。三十功名尘与土，八千里路云和月……"这些大家都知道，我不仔细说了。他的这个《满江红》，脍炙人口，为人所传诵。有些学者考证，说岳飞的这个《满江红》是伪作，是托作，是别人替他作的。我的看法是，如果是别人替他作的——在中国常有这种事，因为中国古代没有知识产权的观念——这个人的目的只有一个，就是要表达岳飞的这种思想感情。如果这是一个伪作的话，那么这个人伪得太棒了。他居然能够把岳飞的思想感情写出来。"抬望眼，仰天长啸，壮怀激烈。"谁还写得出这样的句子？"三十功名尘与土，八千里路云和月……驾长车，踏破贺兰山缺。"哎呀，这样一种激情呀！谁能够写得出来？有谁能比这个伪作写得更像岳飞？所以，如果它是岳飞之作，那么值得我们赞美，值得我们钦佩；如果不是岳飞之作，是后来的文人托岳飞之名而作的，那么我们也可以说，他是代岳飞表达了当时的抗金英雄的那种气魄，那种胸怀，那种献身的精神。

所以很多历史上的重大事件、重要人物，都与文学有关系。如果没有文学，人不会有那么强烈的历史参与精神，不会有那么强烈的历史性的献身精神。你读了很多与历史有关的文学作品以后，也会想在历史里头起点作用，想做点事，想在历史的长河中成为一朵浪花，发出一声声响。所以我说这是“风云际会，雄武沧桑”呢，就是说这样的作品本身就有历史的魅力，是对你的一种驱动，让你关心历史、参与历史，而且希望自己在历史中能够有一些作为，能够有一些奉献。

还有“沧桑”，“沧桑”是什么意思呢？历史中的任何一个事件、任何一个人物，在发生、存在的过程当中，是何等激动人心，是何等惊心动魄，是何等雷霆万钧，让人何等热血沸腾！看完岳飞的词，如果你身处在南宋时代，你也会产生为宋朝朝廷献身的这样一种愿望的。如果你看完了《斯巴达克斯》，你就会感觉到这个奴隶争取自由的斗争有多么伟大，斯巴达克斯这样的人有多么伟大，他完全将个人的生死得失置之度外。但是呢，历史的事件并不是永远重复的，很快就会过去，我们有个说法，叫“昨天已经古老”。当这些事件过去以后，你又会以相对平静的心情，比较超脱的心情，加以回味，加以咀嚼，有所追忆，有所怀念，也有所慨叹。

但是这是文学里面的历史，并不是真正的历史，而文学中的历史都是什么呢？都是故事。我非常欣赏汉语里面“故事”这个词，“故”就是过去的、过往的、老旧的，“故事”就是过往之事、已经过去之事。但是英语里的 story 没有已经发生、过往的意思。在报新闻的时候，先报个标题，然后底下是 the story is……就是说，新闻里发生的事也叫 story。可是汉语里叫“故事”，故事给人的感觉又不一样，和我刚才说的激动人心的、热血沸腾的情况又不一样。当我们读这些历史故事、文学作品的时候，它们往往给我们一种沧桑感。沧桑是一种很高级的感觉，它是一种超脱，也是一种智慧。站在更高的地方，以更长久的、更永恒的和更辽远的视野来做背景，从更长的时间与更开阔的空间的坐标上来看历史，就有了沧桑感。

比如说，同样也是我们人人都会背诵的，苏东坡的《念奴娇 · 赤壁怀古》，它说："大江东去，浪淘尽，千古风流人物。故垒西边，人道是，三国周郎赤壁。乱石穿空，惊涛拍岸，卷起千堆雪。江山如画，一时多少豪杰。”“一时”，就是那个时刻，现在已经没有啦，现在到赤壁去怀古，已经没有多少豪杰了。当然，这里面还有另外一个问题，说是苏轼写的那个赤壁呀，他还弄错了，不是那个真正发生战争的赤壁。赤壁有好几个，中国地方也大，重名的也多。但是苏轼当时有这种感慨，所以他最后说什么呢？“故国神游，多情应笑我，早生华发。”因为面对历史，你只能够慨叹一番啊！

关于这样的沧桑感呢，我还愿意举一个例子，那就是《三国演义》开头的一首词《临江仙》，后人还给这首词谱了曲，是谷建芬作的曲，还作得挺好。“滚滚长江东逝水，浪花淘尽英雄。

是非成败转头空，青山依旧在，几度夕阳红。白发渔樵江渚上，惯看秋月春风。一壶浊酒喜相逢，古今多少事，都付笑谈中。”嘿，这样一种心态呀，也不坏。因为世界上的很多事都是这样，你该激动的时候要激动，该平静的时候又需要平静。用王国维的话来说，就是你既要“入乎其内”，又要“出乎其外”。历史的火焰一燃烧，你能体验到它的热度，这是入乎其内。然后“一壶浊酒喜相逢，古今多少事，都付笑谈中”，弄一碗酒，一边喝着一边议论着，也不过一番笑谈而已，一切都已经过去了。这样的话，你会更清醒，你会拉开点距离，而你对历史的一些评论，也很可能比你不保持距离的时候更准确。你还能从中学到一点东西，学到一点经验教训。

所以我想，历史在文学当中所传递给我们的这样一种“风云际会，雄武沧桑”之感，丰富了我们的认知，也丰富了我们的情感。这里边包含着历史英雄主义、历史参与冲动、历史献身精神，同时也有对于往事的慨叹，俱往矣的悲凉，旁观者——或者用鲁迅的说法，叫作“看客”——的与我无关的超脱心态。鲁迅是很批判国人的“看客”心态的，他针对的是国人缺乏责任感与使命意识的一面，我这里讲的是另外一回事。

第二讲　情系人生，天长地久

今天我们讲文学与感情，所谓“情系人生，天长地久”。我之前讲过，历史、传说、故事里边的人物是文学的一个起源，另外，文学还有一个非常重要的来源，就是来自民间的，与感情有关，尤其是与爱情有关的一些民谣、诗歌、故事等，这是一个我们不能够否认的事实。爱情就是文学一个永恒的主题，尤其是民间文学，几乎都离不开男女之情。早在两千几百年以前，孔夫子担任责任编辑的《诗经》里面，就有我们人人都熟悉的“关关雎鸠，在河之洲。窈窕淑女，君子好逑。参差荇菜，左右流之。窈窕淑女，寤寐求之。求之不得，寤寐思服。悠哉悠哉，辗转反侧”。非常自然，非常合理。这边有窈窕的淑女，那边君子就认为那是我理想的对象；求之不得，他就会失眠，就会辗转反侧。而古人没有我们今天的条件，没有那么多的镇静剂呀，催眠药呀，他没有，所以他就只有唱这些歌，通过传诵这些歌谣来表达自己的感情。

我在新疆的时候，一到冬天，那些马车夫半夜就都到矿里面去拉煤。这些马车夫经常是在夜里一两点喝了一通酒，然后就开始唱。唱什么呢？就是：“你的眼睛多美丽呀，你把我的心都烧成烤肉串啦，啊，我昼夜想念着你呀！”表达这样一种感情。这种感情你是压制不住的。但中国的封建道德呀，问题相当大！它往往使你不敢表达这种感情。我们连“爱情”（特指男女相恋的感情）这个词都没有，“五四”以后才慢慢有这个词的，等会儿我们再讨论和它有关的问题。几乎唯一的出路，就是在文学作品里，在诗歌当中，在戏剧当中，在很有限的一些小说当中，对爱情有所表现，半合法半不合法地表现——因为那些跟爱情有关的诗歌、戏剧，往往都不能算作很正经的文学，都处在一种半合法半非法的状态上，大张旗鼓地来讨论、来表达是不可以的。

但是我又经常思考一个问题，一方面文学表达了爱情；另一方面，文学也造就了爱情、成全了爱情。我甚至愿意说一句极端一点的话：没有文学，就没有爱情。这句话是什么意思呢？没有文学，仍然会有男女间相互的需要，但是没有文学的话，这种男女之间的事呀，就好像水平太低了。低到什么程度呢？低到我不好意思在这里说了。如果没有文学，男女之事不就接近于配种站里的事情了吗？是不是啊？大家可以想一想。

《红楼梦》里头，一个贾宝玉，一个薛蟠，这两人都是公子哥，处境差不多，两人毛病也都差不多，都是娇、骄、霸道、任性、养尊处优的。我就不详细说了。但是为什么贾宝玉看着就比薛蟠好得多呢？薛蟠的那些毛病贾宝玉都有，但是宝玉没打死过人，这倒是，他不爱打架，体力也差，这也有关系。但是呢，更重要的一点是，贾宝玉他懂文学，他能写诗。他搬进大观园以后写出好几首诗，来描写大观园里头的女孩子们的生活。而薛蟠的诗是什么情形呢？薛蟠的诗完全属于恶搞的诗！属于低级下流的诗！他的诗是：“女儿愁，绣房钻出个大马猴……”薛蟠显然是低俗的恶少，而宝玉是多情的公子，所以他们的情况就不一样。是文学使人们的爱情得到了升华，使爱情可以审美化，也使得人们高尚起来，高雅起来，变得不那么赤裸裸，而是非常浪漫，非常美丽。

我看《阿Q正传》，最遗憾的就是阿Q向吴妈求爱失败。其实，我看来看去，阿Q和吴妈还是比较合适的，至少比跟小尼姑合适得多吧。对小尼姑，阿Q完全是欺负人，那是很糟糕的，很要不得的。阿Q他为什么失败呢？他没有基本的文学修养。他到了吴妈那里，啪，跪下了："我和你困觉。"这不像话呀！这完全属于性骚扰啊！相反，如果阿Q多多少少会两首诗，一见吴妈，背一首徐志摩的诗："我是天空里的一片云，偶尔投影在你的波心——你不必讶异，更无须欢喜——在转瞬间便消灭了踪影。你我相逢在黑夜的海上，你有你的，我有我的，方向；你记得也好，最好你忘掉，在这交会时互放的光亮！"你们想想，如果是这样一种情况，而吴妈呢，也是一个文学爱好者，那他们很可能就有很好的前途。所以文学改变了情感的性质，也改变了命运。

在中国不能很露骨地谈论"爱情"，在中国的文学里，只有"情"，不加"爱"字，就叫"情"。我们有很多这样的词，比如说贾宝玉是"情种"。在《牡丹亭》的《题词》里面就说："如丽娘者，乃可谓之有情人耳。"说杜丽娘是"有情人"。怎么知道她是"有情人"呢？因为"情不知所起，一往而深"。"不知所起"，也就是情是不可以分析的，你不能说是由于三个原因或者四个原因而产生了情。比如说，我爱他，由于他身高一米八。

我爱她，因为她三围的比例很好。这哪叫情啊？这成裁缝了，专门给量身材了。情是不知所起，一往而深。“生者可以死，死可以生。生而不可与死，死而不可复生者，皆非情之至也。”情是什么呢？情能够比生死更重要，情能够超越生死。啊，这就是文学，这话说得太让人激动了，太强烈了。而欧洲最有代表性的爱情著作《罗密欧与朱丽叶》要表达的恰恰也是这种超越生死的爱情，以生和死为代价的爱情。但是《牡丹亭》呢，为了这个情，我可以死，情至之处，死可以生。当然，我们不是从医学案例上来考虑，也不是说太平间里头停着具尸首，由于他的爱人来了，忽然一下子蹦起来了。这种案例是没有的。《牡丹亭》表达的是一种情感。

中国正是在对爱情的禁忌与压迫之下，出现过一些非常美好、非常醇厚的爱情诗、爱情戏剧、爱情小说。比如陆游，是个爱国诗人，他与他的表妹唐琬的爱情受到了他母亲的破坏，所以他与唐琬有情人不能在一块儿，最后，他在绍兴的沈园——这个沈园现在还在啊——见到了唐琬，就吟出了千古的名作——《钗头凤》：

红酥手，黄縢酒，满城春色宫墙柳。东风恶，欢情薄，一怀愁绪，几年离索。错，错，错！

春如旧，人空瘦，泪痕红浥鲛绡透。桃花落，闲池阁，山盟虽在，锦书难托。莫，莫，莫！

这样一种情感，实在是令人在几百年以后仍然非常感慨，也可以说是非常悲哀。我好多年以前去看了恢复后的沈园，绍兴人说这个沈园这也不对，那也不对，就是从园林建筑的角度上来说还有一些不够理想的地方——现在当然又有了很大的改进了——可是由于我去的时候正是春天，又下着小雨，我又读过陆游与唐琬的词，就非常不希望别人告诉我这个建筑不好。哎呀，我觉得好极了。我觉得它充满了人在爱情上的那种悲伤，那种遗憾，那种永远的怀念，那种铭记，那种刻骨铭心的感受。所以我在大学里做讲座的时候，曾经半开玩笑地说，在座的女生啊，我给你们一个建议，如果你有 boyfriend（男友）的话，你就看看他读陆游和唐琬的词时的表情，如果他的眼睛一点都不湿润，你要谨慎一点，与这样不懂感情的人搅在一块儿能幸福吗？我的建议受到了女生们的热烈欢迎。

还有唐朝元稹的《遣悲怀》。他不是写初恋，也不是写恋爱当中的事或者不成功的爱情，而是写他妻子的夭亡：

昔日戏言身后意，今朝都到眼前来。
衣裳已施行看尽，针线犹存未忍开。
尚想旧情怜婢仆，也曾因梦送钱财。
诚知此恨人人有，贫贱夫妻百事哀。

他写得太真实了，他用了一种非常现实的、实在的调子。《遣悲怀》一共是三首诗，写得都很实在。第一首里他说我们原来没有钱，有时候要从那大槐树上折点树枝当柴火；我还让你去典当那些首饰，帮我买酒。我现在有了钱了，俸钱过了十万了，但是我已经没有办法报答你了。他写得这么细致。第二首诗，他说"尚想旧情怜婢仆"，你用过的那些佣人，我因为念及旧情，也非常喜欢他们、照顾他们。我梦见了你，就赶紧去做点好事，以表达我的感情。"衣裳已施行看尽"：我把你的衣服都施舍给穷人了，现在已经快没了；"针线犹存未忍开"：你的针线包还在那里，我不能随便打开它，因为打开它我心里就难受。最后一首诗，元稹说："同穴窅冥何所望，他生缘会更难期。惟将终夜长开眼，报答平生未展眉。"他说我死了以后与你埋在一块儿，谁知道下辈子还能不能在一块儿啊！我现在能做的事就是每天夜里睁着眼睛，因为你这一辈子，我都没让你的眉头解开过。一个诗人对自己的亡妻能有这样的感情，真是令人感动。

当然，这一类的东西太多了，例子是举不完的。比如《红楼梦》里面的贾宝玉与林黛玉。我最感动的就是贾宝玉送给林黛玉手帕，林黛玉在上面题诗。我同样也很感动的是——据说是高鹗续作的——林黛玉的死，就连这一章的题目都让我十分感动："苦绛珠魂归离恨天　病神瑛泪洒相思地"。这个题目是非常有感情的。这个虚幻的神话故事让你疑惑：它是怎样想出来的呢？它为什么会安在天宫上？林黛玉是绛珠仙草，要干枯了，神瑛侍者就天天以甘露灌溉。她受甘露之惠，却并无此水可还，所以她活这一辈子，就是要把所有的眼泪还给贾宝玉，还给原来的神瑛侍者。男女之间的感情能写得这么真挚，这么深入，而且这么富有想象力。

我们还可以举安娜·卡列尼娜的例子，我们可以举卡门的例子，我们可以举茶花女的例子，我们可以举屠格涅夫笔下一系列女性的例子。太多了，世界上这种写爱情的作品太多了。但是我们中国人讲的这个“情”呢，还可以扩展一点，因为中国人讲“五伦”。这“五伦”就不单有夫妻之情、男女之情，还有君臣之情、父子之情、兄弟之情，中国的“五伦”有一个贡献，就是还包含了朋友之情。在中国的作品里面，有对朋友之情的描写，甚至于还有主仆之情。当然，如果你从阶级分析的角度来看的话，这主仆之间是不是有剥削和压迫的问题，这是我们必须正视的。但与此同时，在中国的不少作品比如“三言二拍”里头，确实有这种描写。主仆之间，一个是老板，一个是打工的，但是他们之间也有一番感情。这是文学存在的一种现象。我们要再扩展点呢，包括人和动物之间的感情，有的也非常动人。例子无限多，故事一个比一个精彩。

从我个人来说，文学中对爱情的描写最使我感动的，我称之为我的“爱情圣经”的，是安徒生的《海的女儿》。这是一个童话，写一个小人鱼。这个小人鱼本来可以活几百岁，但是她长大了以后，就希望到海面上来。到了海面上，她看到了人间的种种美景，又看到了一个非常好的王子，就爱上了他。这个王子遇到了海难，小人鱼救了他的命，使他起死回生。但是这个王子呢，以为是另外一位美丽的公主救了他，于是他就要与那个公主结婚。小人鱼日夜思念王子，非常希望能到王子的身旁来生活。她找到了海里的女巫。女巫就提出条件来：要想变成人形，第一，你必须吃下一服药，这样你的尾巴就可以变成人类漂亮的腿了，但这就好像一把尖刀砍进你的身体，你的每一步都像是在尖刀上行走。第二，你一旦获得人形，就不能再变成人鱼了，你三百年的寿命就没有了。第三，如果你得不到那个王子的爱情，不能让他全心全意地爱你，你就不会得到不灭的灵魂，在他跟别人结婚的头一天早晨，你将会变成水上的泡沫。作为酬劳，女巫还要割掉小人鱼的舌头，那样她就再不能说话了。这么多条件，她都答应了。为了这个王子，小人鱼割掉了自己的舌头，她不要那几百年的寿命，到了王子的身边。最后，她祝福王子与那个美丽的公主成婚。就在那天黎明时分，她化成了泡沫。但是她得到了上帝的恩宠，上帝给了她一个人的灵魂。哎呀，写得实在是太好了。

安徒生描写“阳光柔和地、温暖地照在冰冷的泡沫上”，描写小人鱼觉得自己“渐渐地从泡沫中升起来”。“‘我将向谁走去呢？’她问。她的声音跟这些其他的生物一样，显得虚无缥缈……‘到天空的女儿那里去呀！’别的声音回答说……‘我们飞向炎热的国度里去，那儿散布病疫的空气在伤害着人民，我们可以吹起清凉的风，可以把花香在空气中传播，我们可以散布健康和愉快的精神。三百年以后，当我们尽力做完了我们可能做的一切善行以后，我们就可以获得一个不灭的灵魂，就可以分享人类一切永恒的幸福了。’……小人鱼向上帝的太阳举起了她光亮的手臂，她第一次感到要流出眼泪……于是她就跟着其他的空气中的孩子们一道，骑上玫瑰色的云块，升入天空里去了。”

安徒生写道：“我们无形无影地飞进人类的住屋里去，那里面生活着一些孩子。每一天如果我们找到一个好孩子，如果他能给他父母带来快乐、值得他父母爱他的话，上帝就可以缩短我们考验的时间……我们就可以在这三百年中减去一年；但当我们看到一个顽皮和恶劣的孩子，而不得不伤心地哭出来的时候，那么每一颗眼泪就使我们考验的日子多加一天。”

安徒生写的是童话，他希望每个孩子都能成为好孩子。他告诉孩子们：如果你们做得好，这个小人鱼就会早早地结束自己的考验，就可以成为人，生活在人间；如果你们表现得很坏，那么这个小人鱼就会延长她的痛苦。

我把他所描写的爱情称为一种“圣经式”的爱情。小人鱼把爱情与道德感，与奉献、牺牲联系起来。我想我们可以这样说，“情”是人生的色彩，是人生的魅力，而文学呢，使我们的情得到了表达，也使情得到发展，得到延续，使情更加感人。我们既有非常动人的对于情的体验，又有完美的对于情的表达，所以文学使我们感觉活在这个世界上很有滋味，很有感情。

第三讲　炎凉世态，悲惨世界

今天我们探讨一个问题，我称之为“文学的悲叹”。我也用八个字来表示：“炎凉世态，悲惨世界”。也就是说，从文学作品当中，我们常常会听到作者悲哀的叹息。在我准备这个题目的时候，恰好读到契诃夫的一篇小说。契诃夫的小说我年轻的时候非常喜爱，以为自己已经读了很多了，但是最近我新接触到一篇，让我非常感动，它叫《洛希尔的提琴》。

洛希尔是个犹太人，他们那个村里有个大个子，那真是典型的俄罗斯人，个子非常大非常壮，叫亚科甫。亚科甫是一个棺材匠，他一辈子就等着别人死，听到别人生病他就很兴奋，因为他估计生意快来了。有个人病的时间很长，他甚至会想，他怎么还不死啊？还不赶紧订一口棺材？这个人已经病得很重了，却又被接到外地去了，最后死了埋在外地，一笔生意丢了，他又感到很悲哀。写的是这样一个人。等到亚科甫的妻子——他们已经结婚几十年了——得了病了，他又开始打量他的妻子，想棺材做多大合适。然后他发现，跟妻子结婚几十年，连一句有情有义的话都没说过。哪怕是摸摸他的妻子，亲热亲热，也没有过。而平时他只会批评他妻子懒，批评他妻子活儿干得不好，他妻子却一直侍候着他。有一个情节特别打动人，就是他的妻子病着，发着高烧，说，要是我们生的那个小黄毛丫头活着多好啊！亚科甫说，你胡说什么呀？你什么时候生过孩子啊？我们哪有黄毛丫头啊？

哎呀，真恐怖呀。他妻子在重病中，发着高烧，仍然希望与亚科甫有一个孩子，哪怕是这个孩子死了，也能够有一个回忆。但是无情的现实是，亚科甫告诉他的妻子：我们没有孩子，我们没有亲热，我们没有感情，我们没有任何值得回忆的东西，连回忆的权利都没有。等到他的妻子死了，棺材也做好了，埋起来以后，亚科甫突然开始后悔，人生怎么就让我这样给糟蹋了呢？怎么二十五六年与妻子的婚姻生活，就让我这样毁坏了呢？我过的是什么样的生活啊！契诃夫所有作品中都有这样的叹息：我们过的是什么样的生活啊！它太悲哀了。这是契诃夫的一个主题。

亚科甫在他妻子去世后不久也病了，与妻子得的病一样。他知道自己快死了。他虽然酗酒、粗野、无情，但同时他也会拉很好的小提琴，很有俄罗斯人的那种粗犷，那种忧郁。于是他把自己的小提琴给了洛希尔。所以这个小说的题目就叫作《洛希尔的提琴》。别人不理解，一个犹太人，当年还受过亚科甫的欺辱，但是亚科甫却把小提琴给了他。有评论家说，亚科甫的灵魂仍然与小提琴一起，在洛希尔的手中回响。我觉得非常感人，这一声悲叹是值得我们思考的。

我们中国很少用“悲”这个词，我们喜欢用一个词叫

"愁"。大家都喜欢写"愁"，尤其是女诗人、女词人，李清照等等，喜欢写这个"愁"。我们的小说里面呢，比较喜欢描写那种世态的炎凉。比如说《红楼梦》里面的贾雨村，贾家的一个亲戚，一个俗人和小人。贾雨村在贾家遭遇不幸以后，不但不愿帮助贾家，还落井下石，来伤害贾家的人，为世人所不齿。但这也表现了这个世界可悲的一面，就是我们常说的"人情冷暖，世态炎凉"。

还有更早的例子，《史记》里面有关于苏秦的描写。苏秦怀有大志，到各国游说，希望有所作为。结果他失败了。回来以后，他的兄弟、嫂妹、妻妾都笑话他，说："周人之俗，治产业，力工商。"我们应该搞经济，你不搞经济，出去以后到处去当说客，到处去给人出主意，你活该倒霉。于是苏秦发愤好学，遍览群书，最后他成功了，被拜为六国之相。成功之后他再回到自己的家里，他的嫂子，在地上匍匐蛇行——我琢磨这所谓蛇行多多少少带一点跪式服务的意思，就是她半跪着给他服务，而且头也不敢抬，不敢正眼看他。于是他就问他嫂子："何前倨而后恭也？"为什么以前对我那么傲慢，现在对我那么尊敬呢？他嫂子说，当然了，你现在成功了，你是大人物了，你佩六国之相印呀，那还了得嘛！

这种世态的炎凉，我们在国外也能找到例子。比如说，大家都知道的马克·吐温的《百万英镑》。一个穷小子，两个富人要拿他开涮，给他一百万英镑的票子。本来他是被人看不起的，一露出这张百万英镑来，大家全傻了，全对他尊敬得不得了！他享受一切最高级的待遇，不用付现钱。因为人家想，他一个有百万英镑票子的人，哪用得着跟他结账啊，哪用得着让他埋单啊，都不用。到时候这百万英镑里头弹出一点来，就够别人发家的了。最后，他就凭这么一张百万英镑，连情人都骗到了手，不知道有多少人来追求他。这太可笑了。这样一些人生当中让你哭笑不得的事情，在文学里头有很多的描写。

但是这些都不是我要说的主题，我要说的主题呢，是对人生、对社会、对世界的更大的一种悲愤的心情，更多地表现对人生的否定，对世界的否定，对社会至少是对于旧社会的否定。比如说鲁迅，鲁迅就特别善于这种描写。他描写旧社会的中国，就好比在一个黑暗的房间里头，把窗户都堵死了，一点光线都没有。鲁迅特别善于描写很善良的、自己也是受害者，却有意无意地去损害更弱者的那些人。这点实在是让人最痛心。伤害别人的人并不是坏人，并不是地主恶霸，不是侵略军。比如说在《祝福》里，祥林嫂很倒霉，死了两个丈夫，自己的儿子又被狼给叼走了，非常悲惨。可是给了祥林嫂精神上最大打击的呢，是柳妈！柳妈跟祥林嫂说：你嫁了两个男人，这还了得啊，将来你死了以后，到了阎罗殿，两个男人要争夺你，那阎罗王怎么判决呢？从你脑袋这里锯开，锯成两半，一个男人带走一半。到那个时候那罪才有得受呢，你现在算什么罪啊！这个描写太深刻，也太可怕了。为什么呢？因为这个柳妈不是坏人，她既不是要剥削祥林嫂，也不是给祥林嫂放了高利贷，她更没有要害祥林嫂之心，但是她就喜欢伤害比自己更弱的人。鲁迅写过一篇文章，就说这个——弱者常常施暴于比自己更弱的人。鲁迅有很多很多对于这方面的黑暗的描写和体会。

在俄罗斯文学当中，这方面给人印象最深的，是陀思妥耶夫斯基。陀思妥耶夫斯基本身是一个贵族。他经常抨击社会，所以受到了沙皇政府的严惩，曾经被判枪决处死的极刑。一个黎明，他和几名难友被提出监狱，四肢被绑在柱子上，眼睛被蒙上。他听到宣判他死刑，还听到鼓声如雷，这时的陀思妥耶夫斯基已经是魂飞天外了。然后一名武官制止了射击，宣布了特赦令。他的死刑被改判为送往西伯利亚监狱。陀思妥耶夫斯基还有一个问题，就是他有癫痫症，就是我们俗话说的羊痫风。他常常发作，这个病发作起来呢，我就不仔细讲了，我们可以通过医学节目来更多地了解癫痫病人的痛苦。陀思妥耶夫斯基还有很多毛病，比如他喜欢轮盘赌，经常把钱输得精光。有一次，为了还他的兄长生前所欠的债务，他被迫跟一个出版商签订了合同，到约定的时间，交出一部新的长篇小说。如果他的小说稿交不出来，他就得坐班房，进监狱。于是，他就找一个速记员来，就跟疯了一样，抓着自己的头发，从早说到晚。所以陀思妥耶夫斯基的小说滔滔不绝，能连续十几页不分段。它不像我国台湾和香港的作品，分段分得特别多，因为分段多据说对拿稿费有好处，有很多的空行也都算字。陀思妥耶夫斯基不是，他可能一连十几页根本不分段，因为无法停下来，因为他是滔滔不绝地讲述。

比如令我们非常感动的他的短篇小说——《白夜》。《白夜》写的是彼得堡的一个空想者、失眠者。彼得堡的夏天，虽然是夜间，但是还有亮，所以叫“白夜”，因为它的纬度太靠北了，太靠近北极了。主人公碰到了一个女孩，这个女孩在等待自己的心上人。心上人去莫斯科之前说好了，一年以后回来跟她结婚，但是约期已过，那个男人还是没来。这个空想者听到女孩讲自己的故事，他很感动，爱上了这个女孩。最终，这个空想者、失眠者决定向女孩求爱。看到这儿的时候，读者被点燃起强烈的希望，但就在他终于要向她求爱的时候，那个女孩的心上人来了。这个时候，女孩早就把空想者忘到一边，兴高采烈地扑过去了。这是陀思妥耶夫斯基写小说的一个特点，就是你怎么难受他怎么写，他绝不让你舒服。你看他的小说时，就跟受折磨一样。所以高尔基一方面说他是天才，一方面又大骂他。在苏联时期，陀思妥耶夫斯基一直是被批判的，莫斯科的街头没有陀思妥耶夫斯基的雕像。苏联解体之后，近几年，莫斯科的街头才出现了陀思妥耶夫斯基的坐像。

陀思妥耶夫斯基另一个更震撼灵魂、叫人撕心裂肺的作品就是《白痴》。有一个大阔佬，表面上大发善心，收养了一个孤女。这个孤女的名字叫纳斯塔西娅，她被管家抚养长大。这个大阔佬呢，后来发现她是个美人胚子，就给这个女孩一套房子，给她派了佣人，让她受各种教育，给她提供很多的钱，使她过起了千金小姐的生活。小女孩长大了，他就强逼占有了她。过了五六年，这位大阔佬准备结一门姻亲，娶一个将军的女儿。为了往上爬，他要把这个将军变成他的岳父。这个时候，这个大阔佬就想把纳斯塔西娅打发出去。怎么打发呢？这个将军有一个副官，叫加尼亚。他就想让加尼亚与这个女孩结婚。实际上呢，就是想让加尼亚——用中国话来说——做一个活乌龟。将军也想利用加尼亚是他的心腹，而分尝禁脔，偷香窃玉。大阔佬的条件是给她七万五千卢布作为补偿。这底下的情节还让我想起我们的“三言二拍”里的《杜十娘怒沉百宝箱》。纳斯塔西娅当众表示，他可以收回这七万五千卢布，她一文钱不要。然后，富商之子罗戈任带着十万卢布要来把她买走。她就对加尼亚说，现在我只有一个要求，我把这十万卢布往壁炉里面扔，你不许戴手套，赶紧去够。烧的就烧了，没烧的，归你。然后啪啪啪，十万卢布就往里面扔。这个加尼亚被污辱得太厉害了，他没有去够这个钱。而另外有一个梅什金公爵，这个公爵完全融入了陀思妥耶夫斯基自己的经历，既有羊痫风，又被假处决过。这个真正爱纳斯塔西娅的男人，这个时候只能默默地、伤感地看着这一切。罗戈任则不停地说：“这才是女王的气派！这才是咱们应有的气派！”而那个加尼亚呢，他转身向门口走去，但是还没走两步，就晕倒在地上。陀思妥耶夫斯基能把这个社会描写得黑暗到这个程度，让你难受到这个程度，实在是惊心动魄。

我补充一个情况，也许是很有意义的。大家知道捷克有一个很有名的作家，在中国也很火的，就是米兰·昆德拉。他曾经被一个演出商邀请，把这部《白痴》改编成话剧，但是米兰·昆德拉在仔细读完这本书之后拒绝了这个邀请。他觉得《白痴》这本小说太煽情了，对感情的描写太夸张了。把感情写得这样疯狂，这样夸张，很可能是不理性的，很可能让人做出什么恐怖的事情来，所以他拒绝接受改编《白痴》的任务。

当然，我们还可以举许许多多的其他的例子。但是我更愿意和大家一起探讨另一个问题，为什么文学作品里常常会散发出这样一种消极的、悲观的、偏激的情绪？为什么文学当中充满了悲叹？中国古人也说穷愁之诗易工，欢愉之辞难写。你越是穷愁，文章写得越好。“文章憎命达”，“古来才命两相妨”，说法很多，都是这个意思。对这个问题，我觉得我们可以展开一下讨论。

第一点，我认为，作家们都是非常敏感的人，尤其是现实主义的作家们，他们都有一种对社会的批判，对弱者的关心和不平。俄罗斯在十九世纪末二十世纪初的时候出现了那么一大批精彩的作家，是无与伦比的：托尔斯泰、屠格涅夫、陀思妥耶夫斯基、契诃夫、冈察洛夫、谢德林……简直说不完。他们虽然都不是共产主义者，但是他们对社会的批判在客观上唤起了民众，俄罗斯开始了二十世纪以后的一次又一次革命运动——二月革命、十月革命，等等。社会矛盾、阶级矛盾确实非常敏锐地反映到了作家们的身上。

第二点，我想在作家们的身上还反映了一些问题，和社会制度、意识形态并没有特别密切的关系。那和什么有关系呢？和人生的许多奥秘得不到解答、人生的许多痛苦得不到解脱有关。人出生以后，随着时光的流逝，会慢慢地长大，慢慢地变老，用佛家的说法是生、老、病、死，最后你也不知道你会成为什么样子。人都有这样的一种悲哀。这个和意识形态无关，与政治信仰也没有关系，与社会制度也没有关系。李白在他的诗里早就说过："君不见黄河之水天上来，奔流到海不复回。君不见高堂明镜悲白发，朝如青丝暮成雪。"人生太短暂了，让他感到悲哀。别人还很难帮助他，怎么帮助他呢？给他吃一点延长寿命的药，做做外科手术，都解决不了这个问题。所以，李白在一篇文章里面还说过："夫天地者，万物之逆旅；光阴者，百代之过客。"就是他对人生本身有一种悲哀的感觉。

第三点，文学里有这些悲叹，是因为作家的文学个性是非常强烈的。这种文学个性是浪漫的，是感情化的，又是理想化的。所以作家们经常会对这个不满意，对那个不满意；对这个哀叹，对那个愤怒。我想这也是一个原因。我为什么要讲到这一点呢？因为在与文学的接触当中，我们无法回避作品里的这样一种悲叹、悲悯或者是悲愤的情怀。对这种情怀，我们该如何来理解，我觉得我们也是可以讨论的。

我有一个想法，就是作家们的这种悲叹，表现了作家们一种很善良的期待，就是他们希望生活更好一点。比如说契诃夫，他写《洛希尔的提琴》，把亚科甫写得那么粗暴，那么愚昧，那么野蛮，他的潜台词很清楚：你本来应该好好过日子，你本来应该对你的妻子好一点，你应该对你的邻人好一点；你不要只知道一个人死了之后会买你的棺材，一个人活着的时候，可能会对你有更多的安慰和帮助。他有这样一层意思。有的女作家描写女性在爱情上受到的种种折磨，甚至于用十分激愤的话说：这个世界上，一个好男人也没有。我其实非常同情这样的女作家，我觉得这表达的是一个渴望，就是男人应该更好一点。我希望所有的男读者在读完这样的作品以后，能得到一个教训，就是作为一个男人，对你的女友也好，情人也好，妻子也好，女同伴也好，应该表现得更善良一点，更忠诚一点，更有责任心一点。至于那些对势利眼的描写呢，反过来说，就是对忠义的呼唤。一个人对待自己的朋友、亲属，应该从更长远来看，应该与人为善，应该帮助别人。这样的话，不管我们读了多少消极的、悲观的、愤怒的作品，我们仍然可以从中得到一种积极的影响。

第四讲　热爱生活，美好年华

今天与大家再讨论一个问题，我称之为“文学的喜悦”，其内容是“热爱生活，美好年华”。

文学不仅仅是哀叹，相反，文学也会抒发作者的喜悦，甚至是巨大的喜悦。我愿意先从一个外国作家讲起。他就是印度作家泰戈尔，当然，他也是诺贝尔奖获得者。他曾经到中国来访问，那是当时一个很重大的事件。我曾经到印度的加尔各答市参观过泰戈尔的故居。加尔各答非常可爱，不过它也有很多市政上的麻烦，比如说到处都有垃圾堆，但是你一进入泰戈尔的家呢，那就像来到了一个大花园一样。泰戈尔有两重身份，他是一个作家，也是一个歌者，他有非常好的嗓子。而且他有两米多高，比姚明可能稍微矮一点。他是有很多特殊条件的人，所以他对于生活有很多美好的、肯定的声音。这样一种声音，在历届的诺贝尔奖获得者当中，几乎是绝无仅有的。很多获得诺贝尔奖的人，都没有像泰戈尔这样，发出一种特别美好的，珍惜生命、珍惜生活、珍惜爱情的声音。

比如说，他有一个非常著名的诗集，叫《飞鸟集》。他说："夏天的飞鸟，飞到我窗前唱歌，又飞去了。秋天的黄叶，它们没有什么可唱，只叹惜一声，飞落在那里。"这是郑振铎翻译的，更多的是意译，是一种诗味上的翻译，不完全符合原文。原来这两段是这样写的："Stray birds of summer come to my window to sing and fly away，and yellow leaves of autumn，which have no songs，flutter and fall there with a sign." 也是非常美好的词句。泰戈尔说："世界对着它的爱人，把它浩瀚的面具揭下了。"这是什么意思呢？谁爱这个世界，谁就会知道这个世界的真相。

他说："它变小了，小如一首歌，小如一回永恒的接吻。"如果你爱这个世界，这个世界就会变得很小，就像一首歌一样，就像一个永恒的亲吻一样。"是大地的泪点，使她的微笑保持着青春不谢。""It is the tears of the earth that keep her smiles in bloom."他说大地上，也曾经有人哭，这种哭呢，实际上表达的是世界的青春。他说："无垠的沙漠热烈追求一叶绿草的爱，她摇摇头笑着飞开了。"还有一句带有格言性质的话："如果你因失去了太阳而流泪，那么你也将失去群星了。"他说你不要因为丢了一样东西而流泪，哪怕你丢了太阳，你也不要流泪，如果你因为丢了太阳而流泪的话，那你连星星也丢了。泰戈尔怎么会有这么好的心情？他怎么会有这么崇高、这么伟大的胸怀？他说："跳舞着的流水呀，在你途中的泥沙，要求你的歌声，你的流动呢。"在《吉檀迦利》里他说："你已经使我永生，这样做是你的欢乐。这脆薄的杯儿，你不断地把它倒空，又不断地以新生命来充满。"你看他这种对人生的看法。他说人生是一杯一杯的水，不错，水倒空了，你也可以说它是代表死亡，但是，世界又把这个杯给充满了。因而，我们不能光看到衰老、灭亡，不能光看到这些悲哀的东西，我们还要看到新生、成长、希望、欢乐。他说："这小小的苇笛，你携带着它逾山越谷，从笛管里吹出永新的音乐。在你双手的不朽的按抚下，我的小小的心，消融在无边快乐之中，发出不可言说的词调。"泰戈尔把快乐表达得这么美好，这样有说服力，这样动人。

谢冰心就受到过泰戈尔的影响，她的《春水》里就说：“四时缓缓地过去，百花互相耳语说：我们都只是弱者！甜香的梦轮流着做罢，憔悴的杯也轮流着饮罢，上帝原是这样安排的呵！”“沉默里，充满了胜利者的凯歌！”我们从冰心早期的诗里边，可以看到类似泰戈尔的那种心情，看到他的影响。其实这种对世界的爱、对世界的希望、对人生的正面的期待和信念，早就表现在中国的文学之中。

之前我讲了一些愤怒的、悲哀的事情，但文学中同样也表现出一种喜悦来。比如说，我们随便举一些唐诗里与雨有关系的诗。杜甫的诗里说：“好雨知时节，当春乃发生。随风潜入夜，润物细无声。”后面还有很多了，我就念这前四句。他把雨说成是有情感、有生命、有风度的一种东西。“当春乃发生”，在你需要的时候，我来了。“随风潜入夜”，但是我并不咋呼，我随着风，悄然无声地来到了你这里，而且是“润物细无声”。当然，这与其说是雨本身的一种品格，不如说是诗人的一种品格。他把这样美好的品格转移到了雨上，照耀到了他的诗句上。还有韩愈的“天街小雨润如酥，草色遥看近却无。最是一年春好处，绝胜烟柳满皇都”，也都是用一种喜悦、亲和、感谢或者感恩的情绪，来写这个世界，来写生活。

还有一些作品，既描写、表达生活当中的一些困惑、茫然，也描写、表达生活当中的喜悦、乐趣、信念。李白就常常有这样的作品：“问余何意栖碧山，笑而不答心自闲。桃花流水杳然去，别有天地非人间。”李白说：“人生得意须尽欢，莫使金樽空对月。”其实他知道金杯有空对月的时候，但是他认为应该尽欢。人应该鼓起勇气来，哪怕你有生的困惑、死的恐惧，也应该打起精神来，应该过自己欢乐的生活。这是李白。

李白还有一些诗，并不是他最流行的诗，但是我总觉得，他的语言、他的情调，让我非常赞赏，回味不已。他的一首诗里头，有两句共十四个字，这十四个字中六个字是数字：“一叫一回肠一断，三春三月忆三巴。”他能够把生活写得这么美丽，这么美好，正如李白写喝酒：“两人对酌山花开，一杯一杯复一杯。我醉欲眠卿且去，明朝有意抱琴来。”我还喜欢苏轼所说的：“休对故人思故国，且将新火试新茶，诗酒趁年华。”我们可以比较一下，苏轼和李白对生活的描写与泰戈尔的描写并不太一样。泰戈尔更多的是站在哲理的角度上，他认为这个世界本身已经给人类提供了许许多多的喜悦的依据、喜悦的道理，而人应该用自己的爱心、自己的喜心，使自己的喜悦去和世界的喜悦进行沟通。而李白和苏轼呢，更多的是一种自己的努力，我们也可以说是对自我的一种救赎。就是说，他们虽然有许许多多困惑，有许许多多挫折——我们知道，苏轼、李白都有很多挫折——但是他们仍然要振作自己，要鼓舞自己，要超越悲哀，要超越痛苦，要克服痛苦，要跨越过去。

我小时候看高尔基的《童年》，里头写到他的外祖父如何蛮横、打人、害别人等，写了很多这样的内容。然后他就有一句话："我常常问我自己，已经到今天了，应该不应该写这些残酷的、野蛮的、凶恶的事情，写这些干什么呢？但是，遇到这些问题的时候，我的感觉是毕竟我们已经跨越过去了。"我觉得这是一种非常美好的心态。不是说人间没有罪恶，不是说人间没有困惑，也不是说人生没有挫折，但是我们总要寻找一种力量，能够跨过去，别迈不过去！

我相信，在座的年轻的朋友，你们也一定读过我的处女作《青春万岁》里边的序诗："所有的日子，所有的日子都来吧，让我编织你们。""日子"，这是一个永远使我如醉如痴的词。我现在已经七十多岁了，我都还觉得自己还有很多的日子，那么在座的年轻的朋友，你们有多少日子！这些日子都应该是美好的，这些日子都可能是美好的，这些日子都可以是有意义的，这些日子都可以是令人喜悦的。当然，你也可能会碰到一些困难，使你度日如年，也可能你在人生当中有很多的愤懑，这种日子使你感觉像受刑一样。这就看我们自己能不能得到一种力量，使自己战胜这种苦难和考验，使我们从这些日子当中得到更多的人生的智慧、喜悦，乃至于满足。

这些作家所表达的文学里的喜悦，最可贵的地方就是把生活美化，把美生活化。美学问题是一个非常复杂的问题，对美的定义大约有几百上千种，但是其中有一个定义比较简单，不妨参考："美是生活。"这是俄国评论家车尔尼雪夫斯基提出来的。说来说去，美所表达的就是生活的一种欲望，一种心情，一种生机，一种幻想。所以，会有泰戈尔、谢冰心早年的那些诗，也有李白、杜甫、苏东坡的一些很好的作品。这些作品让人感受到生活本身可以是美好的，我们也有可能使我们的生活更美好。

讲到文学所表现的人生的喜悦，我们似乎不应该忘记普希金。他的诗句："同干一杯吧，我的不幸的青春时代的好友，让我们用酒来浇愁，酒杯在哪儿？像这样欢乐就涌上了心头。"多么深情！你可能以为他是在写爱情诗，写自己的初恋，不，他的这首诗是《给奶妈》。

我认为，文学是生活的色彩，是生活的滋味，是生活的魅力，也是生活的声息。没有文学的生活将会变得多么枯燥无味，有了文学的生活将会变得多么丰富多彩！

我们常说，生活就像海洋一样，它有惊涛，有恶浪，有污泥，有浊水，有种种不测的危险。但同时生活当中又充满了爱心，充满了美丽，充满了丰富的、多彩的、吸引人的、好的东西。所以，我也希望大家在接触文学的时候，能抱有一种美好的心情，从文学当中不但能得到一种悲愤的体验，也能得到生命的喜悦。

第五讲　忏悔救赎，劝善惩恶

今天我们讲的话题是关于文学和道德的。我用的词是"忏悔救赎，劝善惩恶”。

文学最动人的力量，文学最震动人类灵魂的力量，文学最能说服人的力量，我觉得是它的道德力量，是它的道德激情。当然，文学也是非常美丽的，这种美好的东西会让我们欣赏，让我们陶醉。文学也能给我们很多知识，那些知识让我们赞美，让我们丰富。但是更震动人的，是它道德上的激情，而这种激情，首先表现在忏悔救赎上。

这个在国外的一些作品里表现得特别明显。比如说托尔斯泰的名作《复活》，聂赫留朵夫公爵曾经在他姑妈家与他姑妈的侍女很轻率地发生了关系，使这个女孩怀了孕。最后这个女孩丢了工作，当了妓女，而且牵扯到一件冤案之中。聂赫留朵夫看到了这个情况之后非常痛苦，对自己的灵魂进行了彻底的忏悔。他决心要办一件事，就是帮助这个女孩子，甚至陪着这个受冤枉的女孩子去流放。他要用自己的行为来救赎自己的灵魂。当然，这个观念与欧洲的基督教文化有密切的关系。基督教文化认为，人类本身都是有罪恶的。《圣经》里还讲，你没有权力攻击别人的罪恶，因为你也有罪恶；你没有权力用石头去砸那些淫乱的人，因为你自己也有可以让别人用石头砸的罪恶。这个观点对不对我们可以另外去讨论，但是西方确实有这么一种信念。至于像聂赫留朵夫这样的，放弃了自己的一切，遭遇了各种苦难，就是为了忏悔自己对别人做下的错事，这一点是非常感人的。

再比如法国作家雨果的《悲惨世界》。主人公冉阿让本身有过偷窃的行为，因为他姐姐的孩子太苦了，他为姐姐的孩子偷面包，被判了刑。在监狱里，他惦记着他们家，又越狱回到家去，因为越狱而被加刑。他出狱以后，住在一个主教家里面。他偷了人家的银器，是白银的器皿，被警察抓住了。他没想到那个主教出来作证说，他没有偷我的东西，这是我送给他的一些小纪念品，这完全由我负责，你们不能带走他。于是，冉阿让受到了剧烈的冲击，他忏悔自己的罪恶，从此，他变成了世界上最好的人。他隐姓埋名，到了一个城市，在那个城市为大家办事，最后被选为市长。这个时候，一个密探捉到了一个失业的工人，那个失业的工人长得和冉阿让特别像，密探就把那个失业工人当作逃犯冉阿让，要把他抓走。在这个关键时刻，冉阿让挺身而出，说我才是冉阿让，市长才是冉阿让，于是他重新进了监狱。当然，这是非常夸张、非常强烈的一种描写。这种对忏悔的描写，对救赎灵魂的描写，有时候让人看得非常感动。

中国有没有类似的故事呢？应该说也有。比如说“周处除三害”的故事。说是周处的家乡有三害，一个是猛虎，一个是蛟龙，他把这两害都除了，可老百姓说我们还有一害，就是你，周处。因为周处力气很大，不学习，爱打架，动不动就伤人、害人。他听了以后，受到了很大的刺激，从此改变了自己的生活，纠正了自己人生的方向，变成了一个好人。中国还有所谓“浪子回头金不换”的故事：有一个孩子名字叫天宝，在寒冷之中读书冻僵了，有个王员外见他是个读书人，被冻僵在寒风大雪里，就救了他。结果他在王员外的家里有不良的表现，被王员外赶出门外。最后天宝改邪归正，有了成就，把他欠王员外的钱还给了王员外，而且自己考中了举人。

但是我们不妨比较一下，周处也好，天宝也好，中国这一类故事里，主人公改邪归正以后，或者做了官，或者有了钱，都是从个人的前途出发。而欧洲的故事中描写的那两个，一个聂赫留朵夫，一个冉阿让，他们的表现更多的是为了自己良心的平安。只有做一个有道德的人，你的良心才能不受谴责，你才能对得起自己的良心。这方面的描写是值得我们深思的。

《复活》里对那个姑娘玛斯洛娃的描写常常让我联想到一个中国的故事，我不知道我这个联想算不算合理，请听众们帮我分析一下。我联想到什么呢？《玉堂春》，苏三的故事。因为苏三是一个妓女，《复活》里的玛斯洛娃也是一个妓女，她们俩——甚至还可以加上窦娥——都是被错怪的，被冤枉毒死了别人。苏三有这个命运，窦娥有这个命运，《复活》里的玛斯洛娃也有这个命运。但是我们可以对比一下，《玉堂春》对故事的处理是喜剧化了，尤其是王金龙，和聂赫留朵夫一样——聂赫留朵夫是作为陪审员出现在法庭上，王金龙是作为主审官出现在法庭上。但是很遗憾，《玉堂春》的故事被喜剧化了，而聂赫留朵夫的故事是极大的悲剧。《窦娥冤》也是极大的悲剧，但是《窦娥冤》的故事并没集中在一个忏悔与救赎的灵魂上，而是主要表现那个时代的权力的不合理、审案者的昏聩。它更多的是一种对社会的控诉，这些是不一样的。

和忏悔分不开的，还有一个很重要的道德观念，就是宽恕。因为只有允许一个人忏悔，允许一个人救赎他的灵魂，他的一切忏悔所具有的道德力量才能够表现出来。于是就要有宽恕。同样是雨果，他六十岁以后写了一部很有名的长篇小说，叫作《九三年》。1793 年，就是法国大革命的时候，叛军首领抢了三个儿童做人质，让革命军把他们放掉。革命军方面坚决不放。打斗中叛军首领逃跑了，负责断后的一个叛军点燃了引线，桥头的小城堡上大火腾空而起，火快把那三个小孩子烧死了。叛军首领听到了三个小孩的母亲撕肝裂胆的哭声，心里太痛苦了，赶紧跑回来把这三个孩子放了，不然这三个小孩子就要被火活活地烧死了。但是他跑回来的结果，就是被这边革命军的司令给抓住了。革命军的司令非常受感动，说你是为了三个孩子才跑回来的，算了，我也把你放了。可是这样一来，他就违反了纪律。按照规定，这个释放敌军首领的司令要被处决。可是所有的人都来为他说情，说他是因为对方救助了三个儿童才把他放走的。这本书啊，写得跌宕起伏。军事法庭最终以两票对一票的结果判处他死刑，第二天早上执行。法国大革命的时候有一种断头机，还不是绞刑，那个断头机就像铡刀似的，从上面咔啦下来，就身首异处。负责处决这个司令的官员也是他的恩师，在下令处决他的同时，这个人也自杀了。写得非常之令人震动。尽管里边的描写从历史主义的观点来说未必是正确的，但是这里所透露出来的道德的力量，有它的震撼人心之处。

谈到这种忏悔和救赎的时候，我们必须提到巴金晚年所写的《随想录》。巴金在“文化大革命”中受到了许多侮辱和迫害，但是他写的《随想录》并不仅仅是控诉，他也讲到了自己在“文化大革命”中如何胆怯、如何盲目、如何有私心，他也意识到了自己的那一份道德责任，这是很不容易的。因为我们中国常常有这样的情形：一场运动来了，大家都跟着起哄，都跟着闹；等闹完之后大伙都跟着骂，说这错了那错了，都是别人错了，谁也不说自己有什么错。历史有曲折，我们每一个人对于历史也都有那么一点点责任。巴金是正视了这份责任的。

至于劝善惩恶，这在中国有很古老的传统。中国自古以来，就希望文学作品要有劝善惩恶的作用。中国有一个说法，叫“文以载道”；还有一个说法，文学作品，“不关风化体，纵好也枉然”。就是如果你的作品不能帮助人们起善心，不能改善风气，不能起到教化的作用，那你写得再好也是没有用的。所以，中国有大量的作品，尤其是那些相对通俗的作品，都承认一条：好人好报，恶人恶报；天网恢恢，疏而不漏；不是不报，时候未到，时候一到，一个也跑不了。坏人做了坏事，总是有报应的。中国大量的故事都有这样一个二元对立的模式，就是清官最后要战胜贪官，忠臣最后要战胜奸臣，诚信的人最后要战胜骗子。有无数个这样的故事，包括很多断案的故事，都是告诉你，被委屈、被诬蔑、被冤枉毕竟是暂时的，早晚会沉冤得雪，而坏人会受到社会、受到历史的惩罚。这方面的故事很多。

谈到惩恶劝善，刚才我介绍了基督教的某些观点在欧洲的文学作品里的一些表现，我也介绍了一些中国的作品。当然，还有一个观念，值得我们在这里提一下，就是佛教的一种观念——“放下屠刀，立地成佛”。这是佛教里面的一个故事。说的是释迦牟尼在舍卫城发现了一个力大无穷的汉子，叫央哥马罗。这个央哥马罗信奉一种邪教。这种邪教宣扬说，你要杀够一千个人，死后就能升到天上。于是央哥马罗见人就杀，而且把杀过的人的小手指头——听着很可怕啊，对不起啊，但是这是佛教里面的故事，不是我编的——做成一个圆环，扣在头上。但是手指头得凑够一千个。杀到九百九十九人时，他母亲来叫他吃饭。这个时候，他就开始琢磨怎么样去杀他的母亲。啊，这可真是恐怖。这时，释迦牟尼来了。释迦牟尼看他的神情不对，就问他，你在干什么呢？他回答了。释迦牟尼就跟他解释，不能这么干，哪有靠杀人成正果的呢！靠杀人变成一个好人，或者变成一个神仙，这怎么可能呢！说你只有放下屠刀，从此好好地学习佛法，才能达到修炼的最高境界。就是这么一个故事。这个故事也叫作极而言之，就是说得比较极端，实际上这里边也包含着悖论。一个人别说是杀九百九十九个了，就是杀一个，起码也该判刑了吧，甚至该判死刑了吧，怎么可能在杀完九百九十九个以后还能成佛呢？那些被杀的人肯定是不服气的，被害人的家属肯定也是不服气的。但是我们要从惩恶劝善这个层面上来解读这个故事。

这些道德化的小说里头，还有一点值得我们深思：道德首先是用来要求自己的，而不是只用来抨击别人、抨击社会的武器。要做一个有道德的人，应该先从自己做起，这是很多文学作品给我们的启示。

第六讲　艰难困苦，玉汝于成

今天我想和大家讨论一个话题，就是文学和奋斗，我称之为“艰难困苦，玉汝于成”。

我们可以回想一下，我们所读过的那些文学作品里的主要人物，那些英雄人物，那些最可爱的人物，不知道为什么，都吃过那么多的苦。这是没有办法的事，哪有不吃苦的好人！我很小的时候读意大利作家亚米契斯写的《爱的教育》，里面有一篇《六千里寻母》，写一个小孩找他的妈妈，走了六千多里路，受过了所有的磨难，让我非常感动。一个小孩子要找自己的母亲，哪需要费这么大的劲呢？小时候我不明白。《木偶奇遇记》你们看过吗？木偶想做一个好人，为什么那么曲折呀？我真替他难过。因为一次说谎，鼻子变得很长，还有一次是烧了自己的脚……因为很久不看这个故事了，记不太清了，总之，匹诺曹的故事使我流泪。

我们再看一看，古往今来，尤其是中国的许多故事里，很多好人为了办成一件事情，付出了多少代价！比如《东周列国志》里面有个师旷，他为了专心研究音乐，把自己的眼给刺瞎了。我看了以后非常受刺激。自己想了半天，如果我要研究音乐，有没有这个决心把自己的眼睛刺瞎？想来想去，我没有这个决心，我深深感到自己比师旷差远了。再比如《东周列国志》有一个“崔杼弑君”的故事。里面的主人公连名字都没有，太史伯、太史仲、太史叔、太史季。中国历史上，如果是哥四个，就叫作伯、仲、叔、季，哥五个、哥六个怎么叫法就不知道了。太史伯写崔杼弑君，崔杼就把这个太史伯杀了；然后老二上来写崔杼弑君，又杀了；老三上来，又杀了；老四上来，表示，我们都愿意活着，但是我们既然是史官，必须实话实说，就算你把我们杀光了，将来的历史上还是会写，你是弑君者。这太惊人了。《东周列国志》里面还有惊人的呢：豫让为了报仇，要刺杀赵襄子。第一步，他削须去眉，漆其身为癞子之状，把自己变得所有的人都认不出来。第二，他吞炭，他把着火的炭吃进去，为的是把自己的声音也改掉。这样的代价，让人感觉到，任何人做什么事都不容易。

读这些书，并不是让我们具体地去模仿——既然考上音乐学院了，先把眼睛弄瞎再说；我要办一件什么大事，先往脸上砍一刀再说。我想它不是这个意思。但是这些故事有一个很大的好处，就是让我们知道，人活一辈子并不容易。人做一件事，大都要付出代价。你要是怕付出代价，你就什么都别干。

《东周列国志》里面最最惊人、最最感人的，是那个“赵氏孤儿”的故事。在晋国，奸臣屠岸贾把赵家的人全杀了，但是这里面有一个叫赵朔的，赵朔的妻子是晋王的姊妹，她藏在宫里，所以没有被杀。杀不了她，于是屠岸贾包围了王宫。而这边还剩下对赵家最忠诚的两个人，一个叫程婴，一个叫公孙杵臼。这两个人想，必须用计把赵朔的孩子偷运出宫，藏得远远的才安全。偷运出来之后怎么办呢？公孙杵臼就问，死难与立孤——我们现在就死，或保证小孩子的安全，并养育成人，哪个更难？程婴说，立孤难，死太容易了，我们现在就可以为我们的主人去死。公孙杵臼说，既然这样，那么你把这个死的任务交给我，立孤的事情你来管。程婴用的是什么办法呢？他把自己的孩子——因为年龄差不多——交给公孙杵臼，然后扬言知道赵氏孤儿的下落，并称给他千金，他就领着人去抓这个孤儿。果然，屠岸贾为了消除隐患，就把钱给了程婴，然后带着军队抓到了公孙杵臼。因为他们已经事先商量好了，公孙杵臼这时就破口大骂：程婴，你见利忘义，不忠不孝不仁不义，是世界上最无耻、最坏的人。然后，当着程婴的面，公孙杵臼被杀死了，那个所谓的赵氏孤儿，实际上是程婴自己的孩子，也被杀了。然后，程婴就一直背着一个坏人的名声，养育这个孩子。等这个孩子长到十五岁时，终于报了仇。这个故事所表达的那种忍辱负重太惊人了，在某种意义上比挖眼睛还惊人。

前不久，我还看过根据这个故事改编的豫剧。豫剧里面有一个场面，就是在山里，程婴已经老了，已经罗了锅了，曲着背，领着一个小孩子走。这个村里有个歌谣，是村里面人人都知道的歌谣——可惜我不会河南话，应该用河南话来说，因为它是豫剧——说：老程婴，坏良心，他是一个不义人；行出卖，贪赏金，老天有眼断子孙，断子孙。在雪地里头，他还领着一个小孩，别人就这样骂他。而在这里，“断子孙”不是简单的一句骂人的话呀，这是他的实际处境的写照啊！为了赵家的孤儿，他自己的儿子都死了，他断子孙了。按照中国人的观点，断子绝孙是一件很悲哀的事情。所以这个故事特别激动人、感动人。

在十八世纪，这故事由法国的传教士首先介绍到了法国。后来法国的伏尔泰和德国的歌德都试图把这个故事改编成一个欧洲的戏剧。歌德的那个好像没完成，但是伏尔泰完成了，就叫《中国孤儿》，而且演出了。这种表现个人的奋斗和人生的代价的篇章，有一种特别感动人的力量。我想这与中国人的一个观念也有关系。中国人认为，越是好人，越是要经受考验。你受不住考验，你就不是好人，你也不会有多大的成就。孟子的话：天将降大任于斯人也，必先苦其心志，劳其筋骨，饿其体肤……就是要让你碰上各种倒霉的事。人生不是一帆风顺，人生不是平地滑行。相反，只有战胜这些考验，才能达到自己的目的。阅读这样的作品，可以说是对我们意志的磨炼、志向的磨炼，对我们精神上的承受能力实在是个很大的刺激。

国外的有些作品，像我刚才讲到的冉阿让的故事，也属于这一类。在狄更斯的《双城记》里，主人公曾经被法国封建王朝囚禁在巴士底狱里，是精神遭受了破坏的这么一个人。后来他只会干一件事，就是修理皮鞋。他有一个小的鞋掌，现在我们做鞋还用，把鞋放上去，拿一个小钉子，“砰砰砰”地敲。这段写得也特别刺激。主人公一遇到不顺心的事，忽然一切记忆都丧失了，然后就找出那么一个铁砧鞋掌，用小锤“砰砰”地敲。我想这样的故事也是值得我们阅读的。

我个人就有这样一个经验。你们知道，我已经七十多岁了，我的生活中也有过若干的曲折、若干的坎坷。在五十年代后期，1957 年底到 1958 年，那个时候我就没完没了地阅读狄更斯的《双城记》，阅读雨果的《悲惨世界》。并不是说我的遭遇与小说里面的故事有什么可比性，没有可比性。社会主义新中国所走过的曲折的道路，与法国大革命之前或者法国大革命当中那种社会状况有非常大的不同。但是呢，看完了这些小说以后，我有一种豁然开朗的感觉。世界是非常大的，痛苦是非常多的，你有你的痛苦，我有我的痛苦，用咱们中国的话叫作“家家有本难念的经”。你不会一切顺利，今后你也不会很顺利，可是如果你遇到那些挫折的时候精神状态好的话，情况会好得多。

现在的青年人的情况与我们那会儿比是好得多了，但绝对也不会一帆风顺。而且在这里我要说，一帆风顺的生活，是最无聊的生活，是最枯燥的生活，是最容易引起忧郁症和自杀的生活。恰恰是有一些困难，有一些磨难，和这些困难做斗争，战胜这些困难，使自己在精神上立于不败之地，才能够让你感觉到生活的意义。克服困难，才是意义；战胜曲折，才是意义；战胜自己的消极、怯懦和悲观，才是意义。这也是我们可以从文学作品中得到的一个重要的启迪。

第七讲　益智明心，哲理禅趣

今天我们讨论一个话题，就是文学与智慧。我称之为“益智明心，哲理禅趣”。

当然，文学是非常强调感情、强调直观的。但是，文学并不是反智的，不是非智的，不是排斥智慧的，相反，许许多多的文学作品都流露出一种耐人寻味的哲理。比如说推理小说，虽然它比较通俗，但是里面也有些非常好看的东西。看过《福尔摩斯探案集》的，请举手。啊，都看过，跟我一样。日本的松本清张的推理小说，没看过的请举手。这个就多了，跟我一样，我也没好好看过。但是呢，我看过日本在推理小说基础上拍的电影，《人证》、《砂器》。应该说这些小说对于发展人的逻辑思维，对于探讨人性、探讨社会的犯罪，是有启发意义的。当然，生活中你也不可能完全按照那一套来办。契诃夫有一篇小说叫作《瑞典火柴》，专门讽刺那些自以为是福尔摩斯的人，疑神疑鬼，所谓破案，实际上是越弄案子越糊涂。

还有一类故事，我称之为“计谋小说”。我不知道它为什么在中国这么发达，中国人特别讲计谋。中国有一个《三十六计》，外国的汉学家——我就认识一位瑞士的汉学家——特别爱研究中国的这些计谋，以至于中国的计谋变成了他的思维模式。他有次开完会以后跟我说，谁谁的发言，我觉得他是用釜底抽薪，谁谁的发言，我觉得他是敲山震虎。后来说得我都怪害怕的。但是有些计谋小说也是特别动人的。《三国演义》就不说了，《三国演义》里全是计谋，计谋太多了，都让你有点难受。怎么都是计谋啊，难道就没有一点真情了吗？

还有《东周列国志》，《东周列国志》里面最感动我的一段：秦国灭六国，已经基本上成功了，最后还剩下楚国，那个仗打得太激烈了。当时秦国的大将军王翦提出，需要派六十万大军才能拿下楚国来。秦王说，要这么多军队干吗？王翦就讲了一番道理，说过去打仗是怎么打的，现在是怎么打的，现在跟过去不一样了。过去打仗，是约好了日子，到那里排好了再打，比较有规则，所以不用很多人。现在打仗没有规则，抄起家伙朝你脑袋就抡过来了，所以必须得六十万。秦王也就同意了。临行的时候，秦王给他设饯祝酒。王翦就说，我有一个请求。秦王把酒喝了说，你有什么请求呢？王翦拿出一个书面的东西，申请书，上面写着咸阳附近的哪个地方哪个地方有好房子，有好地，可以“开发物业”。他说，这些地，你批给我得了。秦王说，你带着六十万大军去灭楚，灭完楚我们就统一天下了，寡人要与你共富贵，你还怕没房子住？你还怕受贫受穷？王翦就说，我啊，老了，虽然您给我封这官封那官的，您对我是恩重如山，但是我呢，是风烛残年，活不了几年了，我多要点田产啊，还是为了子孙。我是大将军，他们不是大将军，我不为他们存攒一些，他们将来怎么办呢？我这也是为了世世代代受大王的恩泽。秦王哈哈大笑，就答应他了。然后军队出发，到函谷关，王翦又派人回去给秦王汇报打仗的情况，然后增加了一些要求，又写了一份材料，说上次我提的那些地，想来想去不够用。我光给孩子们考虑了——我这是添油加醋了——没替他们的亲家考虑，他们一结婚，亲戚很多，我还得多要。然后他手下的人就跟他说，王将军，你好糊涂，你带着六十万人出来打仗，你不谈战争，不谈军事，今天要宅子，明天要地，后天要钱，你要的也太多了吧！王翦说，你才糊涂呢。他说，我们这个秦王呀，是爱怀疑的人，他现在举国的军队都交给我了，只要有一个人在他的耳朵边说一句话，说这个王翦不听话，王翦另有打算，王翦这个人靠不住，他立刻就要把我调回去，不但调回去，还会把我的脑袋砍掉。我只有不断地向他要房子要地，他知道我没别的想法，知道我打完胜仗以后回去要当老地主，要吃喝玩乐，我要给我的孩子们挣钱，他对我才放心，这样我才不会得罪秦王。

我每次看到这里的时候就想，春秋战国时期，离现在两千几百年，怎么人就长出这种脑子来了呢？怎么中国人的脑子发达到这一步了呢？这太惊人了！当然，这里面也有值得我们反省的地方，我们都把头脑用在计谋上，而不是把头脑用在征服自然、研究科学上，没有用来证几何题啊，研究物理、化学、生物啊，没往这方面发展。但是不管怎么样，我们看看这些计谋小说，计谋的故事，对我们还是很有意义。

还有一种作品，我把它称为提问或者问答作品。这在国外比较多。就是通过问答，来彰显人的智慧。比如我们早就知道的很有名的斯芬克斯之谜。古希腊有这样一则神话：一个名叫斯芬克斯的女妖，由天后赫拉派遣，坐在忒拜城附近的悬崖上，对所有从那儿走过的人提问。她提的问题是，有一种动物，早晨是四条腿，中午是两条腿，晚上是三条腿，这是什么动物？答案也很简单，是人。人小时候爬，是四条腿，后来两条腿走——如果瘸了，那是另外一回事——晚年加了一支手杖，就成了三条腿。这是一个很有趣的提问，从中我们也可以看出这种故事包含的智慧。还有的人认为这是最早的提问，它的意义在于告诫人们：要认识你自己。

欧洲还流传着所罗门王的故事。所罗门也是以高度智慧、以知晓一切事物而著称的。虽然他的故事有些残酷，如两个女人争夺一个孩子，所罗门下令将此儿劈成两半，真母亲就决定不争了，假母亲从而暴露了出来。

印度也有这样的传说，叫《二十夜问》，许地山（即落华生）翻译的。讲的是一个美丽的公主，有很多男人向她求婚。她提出一个要求，就是求婚者必须连续二十个晚上向她提问题，如果她回答对了，那么这个男子就求婚失败，就要随她处置；如果终于问得她回答不出来了，那么这个男子就可以娶她为妻。一个最好的王子来到这里，提的第一个问题，被回答出来了，提的第二个问题，又被回答出来了。到了第二十夜，就剩下最后一个机会了。这个王子就过来说，公主，我要问的问题就是：从前有一个王爱上一个公主，她的可爱就像你一样。那公主有约，说有人能够发一个使她不能回答的问题，她便嫁给他。你是智慧和可爱的化身，请你告诉我，他应当向她发什么问题呢？你看，你们也笑了，我年轻的时候看到这里就蹦起来了啊。我说这个脑袋比猴聪明多了，因为这本身就是一个不可解答的问题。实际上这在逻辑上是颠扑不破的，如果你能够回答得上来，就等于世界上不存在这样的问题，证明你还是没回答这个问题；如果你回答不出来，那么提问的人就成功了。于是两个人就结合了。《二十夜问》让我看得非常兴奋。哎呀，这个人的头脑啊，头脑这个玩意儿太棒了！太厉害了！

反过来的，就是歌剧《图兰朵》。这个故事呢，是公主向前来求婚的男子提出三个问题，如果他可以回答出来，她会嫁给他；如果答错，便被处死。后来有一个王子答对了所有问题，但图兰朵拒绝认输。于是王子又给公主提了个问题，并且最后把答案告诉了公主，公主没有杀他，还嫁给了他。这也是一个互相提问的故事。

我还很佩服一个故事，出处我已经记不清了，就是说曾经有那么一个地方，有一个暴君，他对每天第一个进城的人提一个问题，就是“你是来干什么的”。如果你回答的是实话，就把你烧死；如果回答的是假话，就把你淹死。这个时候，来了一个非常聪明的人，完全是从逻辑上做回答——所以我称之为“逻辑问答小说”——他说，我是来投河自杀的。这样执行者就碰到了一个逻辑上的悖论。如果把他扔到河里去，那他说的就是实话，应该烧死他，不能把他往河里扔，往河里扔就是执行者违法了。如果把他烧死呢，那么他说的要跳河是假话，应该把他扔到河里淹死。这样，就既不能把他扔河里淹死，也不可以把他烧死，他就从逻辑上胜了。

第四类我比较喜欢的，就是寓言。寓言往往充满了智慧。全世界的寓言，不计其数。有的写得很刁钻，有的让你哭笑不得。比如说俄罗斯的克雷洛夫，他有一个寓言，说杰米扬的汤好，别人都说他的汤好喝，所以他招待客人就没完没了地上汤。第一碗是他的汤，第二碗是他的汤，第三碗还是他的汤，最后到了让人生厌的程度。这就是《杰米扬的鱼汤》。所以，我讲文学的启迪也不敢讲得太多，太多了我就是给大家上杰米扬的汤了。

这个克雷洛夫还有一个更令人哭笑不得的故事。他说有一群青蛙，这群青蛙突然发现，它们中间没有一个头儿，就闹起来了。上帝就来过问，你们闹什么啊？它们说，我们这么多青蛙，没有头儿怎么行呢？上帝就拿了一段山杨木树桩，往水塘中央一搁，大家就踏实了。每天一看，哎哟，头儿还在这儿呢，头儿站得挺直，头儿端庄稳重，头儿挺好。不久就有一些大胆的青蛙，坐在它身边；还有一些更大胆的，索性把屁股对着它；再过不久，又跳到它身上。不几天，大家就对这个国王厌烦了。青蛙们又闹起来了，抗议，还我头儿。上帝又来了，说你们闹什么呢？青蛙说，你让一根没有任何能力的木头给我们当头儿，我们不干。上帝就给它们派来了一只仙鹤。这仙鹤有着完全不同的性格，谁有罪，它就把谁吃掉，而且没有无罪的，还不论早餐、午餐、晚餐都要进行判决。这些青蛙全老实了。它们的生活比以前悲惨多了，它们希望上帝再给派一个新头儿。上帝不干了，他说我先前给你们派了个头儿，你们嫌它太温和，又给你们派一个，你们嫌它太残暴，就跟它一起生活吧，免得再给你们派个更糟的！这个故事损不损啊，它是在挖苦，但是它也包含了某种智慧。

我个人认为几乎可以概括一切寓言的，是印度佛教《百喻经》里面的“瞎子摸象”。有人摸到耳朵了，就说象就像张芭蕉叶。有人摸到象尾巴，就说象就像一根绳子。有人摸到象腿，说象就像一根柱子。几个瞎子在那争论。这个故事表面上很可笑，实际上非常深刻。人类的很多争论，有些是关于阶级利益、民族文化传统问题的，还有些，确实属于瞎子摸象的性质。因为你接触的是这个角度、这个侧面，他接触的是另外一个角度、另外一个侧面，所以争个不休。这个瞎子摸象的故事，对于我来说，是寓言中的寓言。

中国这一类的故事，有时候表现为寓言，有时候表现为成语。成语当中体现的智慧太好玩了。比如说“刻舟求剑”：剑从船上掉水里去了，从哪儿掉下去的，在船上做一个记号，将来就从这儿捞这剑。真是笑死人了。“守株待兔”：你在那棵树下捡到过一只兔子，于是你干脆什么事都不干了，就在那树底下等兔子。但是最最具有中国文化特色，使我回味不已，也使我哭笑不得的，是一个关于四七二十七的故事。说有两个人在那儿争论，一个说四七二十八，一个说四七二十七。这个时候一个县官从那里过，看到两人争得面红耳赤，问：你们争什么呢？那个说四七二十八的人指着另一个人说：你说他混蛋不混蛋，明明是四七二十八嘛，我们从小学数学都能背的，他非告诉我是四七二十七。县官就叫那个说四七二十七的人过来，问：你是不是真的认为四七二十七？那个人就说：老爷，四七当然是二十七了，我用我的灵魂和我全家的身家性命保证，四七等于二十七。县官说：你是真认为四七等于二十七，算了，你走吧。这个人走了。然后县官叫那个说四七二十八的人过来，跪下，往屁股上打了三板子。这个人哭冤啊，他说：老爷你也这么糊涂，你也认为四七是二十七啊？你还打我，你这样的人还当县官呢！这老爷说：我教育教育你，刚才那人糊涂到什么程度了，他都已经认为四七二十七了，你还跟他瞎争什么啊！跟这糊涂人瞎争什么啊你？我打你三板子，让你记住，以后见到认为四七二十七的人，你连理都别理他，干什么事不行你干这事？这么怪的思维。我现在并不对它进行价值判断，这样一个故事是不是特别有价值？是不是值得我们人人来学习？听任四七二十七随便说，我不是这个意思。但是这故事特别具有中国文化的特色。换作外国人，他脑子怎么转圈也理解不了。这就是我们中国的特色。

我想起有一年，1996 年，我在波恩。当时是欧洲杯半决赛，德国对英国。那届欧洲杯是在英国伦敦举行的。英国队和德国队相互之间憋的劲特别大。最后是罚点球，英国队罚进一个球，简直蹦了起来。德国人是另外一种风格，日耳曼民族的性格。德国队队员走过去，一脚踢出去，脸上一点表情都没有，然后站一边等着别人踢。最后是英国人输了。我就跟德国朋友说，英国人太希望赢了，所以最后输了。德国朋友说，你这是典型的中国人的思维，我懂，因为我学汉语，我认为你讲得很有道理，可是你要这样讲给别的德国人，他们不一定懂。这跟那个四七二十七的道理一样。因为我们中国人常常用一种辩证的思维方式考虑问题：你太喜欢一件东西，就会丢失它；你太看重一件事情，就会干不成；你太认真了，反倒离真理远了。这是中国的这种古老文化的一个发光之处。但是如果你片面解释，也可以看成是什么是非都不讲了。其实不是这个意思。

从这些寓言当中，我们也可以看到许多的智慧。智慧也是一种美。如果我们接触一个有智慧的人，我们会觉得他是很美的。他会知道哪些事应该做，哪些事不应该做。他会知道哪些话应该说，哪些话不宜说。他会知道在某些事情上，应该怎么样来处置。一个有智慧的人，他会拒绝那些恶行，因为他知道那些恶行是会损害别人的。而损害别人的结果，只会损害自己。害人者，人恒害之；骗人者，人恒骗之；欺人者，人恒欺之。相反，爱人者，人恒爱之；救人者，人恒救之；助人者，人恒助之。一个有智慧的人，在这个意义上，与真、善、美有着相通之处。既然我有这个智慧，我了解真情，我就会拒绝恶劣，拒绝那些特别不道德的、特别丑陋的事情。我们通过文学的智慧，得到的不是具体的东西，不像我们学数学那样得到一种原理，也不像学物理得到一个实验的结论，而是得到一种对人类的智慧的倾心，同时使我们自己向着智慧、向着真善靠近。

在中国，还有一种特别的表现智慧的文学作品，就是禅诗。例如脍炙人口的惠能的故事。说是禅宗传到了第五祖弘忍大师，他要考虑他的继承人的问题，就要大家作一首偈，以考察各人的见地。他有一个弟子神秀，大家公认应是禅宗衣钵的继承人。他就在半夜起来，在院墙上写了一首诗："身是菩提树，心如明镜台。时时勤拂拭，勿使惹尘埃。"庙里的和尚们都在谈论这首诗的时候，被厨房里的一个火头僧——惠能禅师听到了。惠能是个文盲，他不识字。他听别人说了这个偈子（禅诗），于是他自己也作了一个偈子，央求别人写在神秀的偈子旁边："菩提本无树，明镜亦非台。本来无一物，何处惹尘埃。"这样，惠能的诗就胜过了神秀。

对不起，我也是个爱抬杠的人，我每次听到这个故事，就不甚服气。我想，如果比赛谁更绝对化，那应该什么禅诗也不作，最好连饭也不吃，那才算彻底呢。

总之，文学能够益智，能够多少消除一些愚蠢。

第八讲

（一）四海八荑，出神入化

今天我们来谈两个话题：一个是文学与想象，我称之为“四海八荑，出神入化”；一个是文学与自我，我称之为“精神追求，上下求索”。

先谈文学与想象。我们的生命的过程，是一个经验的过程，一件事，我们经历过了，也就有了经验。所以在英语里，experience 既是经历，也是经验。人都会有那种愿望：一个是扩大、延伸自己的经验经历，一个是追求这种经验的极致，也可以说是突破这种经验。我们知道，在运动里有所谓极限运动。游泳名将张健可以横渡英吉利海峡，可以在最低温的冷水里面游，这并不是一般人能做到的。因为人生是有限的，人生的经验是有限的——从时间上来说，你再长寿也就一百年出头；从空间来说，就算你去过许多国家，也不过就是如此——所以人会追求经验以外的东西，或者一种达到极致的经验。文学有这个好处，它可以充分调动人的想象。文学表现的不仅仅是生活的现实，而且是生活的可能；不仅仅是现实的可能，而且是想象的可能。只要能想出来，想得跟真的一样，想得很有味道，就是文学。我们并不要求文学中所写的、所表现的东西都必须有事实的依据，有一大批文学作品只是表达了人的这种想象。

比如说，英国著名作家斯威夫特写的《格里佛游记》，这种想象太奇妙了。我们上小学的时候就读《格里佛游记》里边的故事。实际上斯威夫特是一个讽刺型的作家，很多故事都充满了讽刺。他想象有一个国家，这个国家的主人都是马，而这个国家的牲口呢，对不起，是人！那里头写这些马多么尊贵，多么高尚。而人呢，用马的观点来看，真是丑态百出。当然，我不认为斯威夫特要侮辱人的尊严，他只是通过这个故事，让我们换一个角度来看一看，人的身上确实有许多值得改正、值得改善、需要进化的东西。我在“文革”当中还看过一个格里佛的故事。大家都知道，吃煮鸡蛋需要剥皮，要先磕一下才能剥，磕呢一般是先磕那个大头。有这么一个国家，国王有一次磕完大头，剥壳的时候手指给弄伤了。这个国王很生气，就颁布了一个命令——今后吃煮鸡蛋一律要从小头磕起。这变成了是否忠于王室的标志。忠于王室的人，拿起大头来一磕，哎哟，错了，翻过来磕小头，磕完往下剥，心里很高兴，我执行了国王的命令。或者偷偷地一磕，啪，大头磕破了，吓得一头一脸的汗。左右看看没人，反过来再磕，磕小头。到了这个程度。但是也有些有叛逆思想的人，宁愿被处死，也不愿意磕小头，于是他们就组织了一个秘密组织——大头党。参加这个党的人磕大头，不磕小头。磕小头的人就认为这是背叛了王室，所以也组织了支持王室的党——保王党，又名小头党。小头党和大头党在这个国家就斗争起来了，一直到了内战的边缘。这个故事太棒了，它将想象也发挥到了极致，这是斯威夫特对英国那种两党政治尽情的嘲笑和讽刺。我当时读的时候笑了，又不敢大笑，因为我想起来，“文革”当中也分成两派在那里争论，争来争去，也不知他们在争什么，基本就跟争这个大头磕、小头磕差不多。所以，我说你们看斯威夫特的这个故事多么像“文革”中的中国啊。可我又怎么敢说出我的想法呢？

我们中国也有充满想象力的作品，比如《西游记》。《西游记》里孙悟空会七十二变，跟二郎神打仗的时候，他变来变去，最后那条尾巴不好收拾，就变成了一根旗杆。这猪八戒啊，他保留了很多猪的特点：好吃懒做，一碰到困难老想中途退缩，老想中途叛变。取什么经啊，咱们回家去娶媳妇多好。这就是猪八戒。而且《西游记》里面描写的那些所谓的妖魔鬼怪的故事，还有那些天庭里的故事，都非常动人。《西游记》现在仍然是中国在国外知名度最高的作品之一，尤其是欧美的孩子，深深喜爱这本书。他们都知道这个猴王。即使他们对中国不太了解，但是一说猴王，他们就知道。

当然，中国还有《聊斋志异》。《聊斋志异》把鬼怪尤其是狐狸写得那么可爱，把鬼的世界写得那么可爱。我还应该特别提到一个充满想象的故事，就是《白蛇传》。我觉得，把爱情故事写成一个蛇的故事，有它的独到之处。爱情是很美好的，而蛇呢，并不是那么美好的。但是蛇本身有一些特点，它很柔软，它又很执着，它纠缠不休，缠绕着，就好像白素贞和许仙之间的感情。放又放不开，好又好不了。就像毒蛇一样，它绕着你转，把你的身子缠上。今天我们不能细谈这个，但是我要告诉你们，《白蛇传》是一个让我非常感动的爱情故事。爱情当中不但有狂热，有甜美，有幸福，有高扬，有飞翔，就像在天上驾着鸟一样；爱情当中也有蛇的缠绕，也有摆脱不了的那种悲欢、情仇。这也是特别好的故事。

当想象力达到了极致，或者突破了人的经验，就产生了一个非常重要的品种，这个品种在今天越来越重要，就是科幻小说、科幻故事。中国的文学有科学幻想这一部分，但是不太发达，外国特流行这个。巴黎的埃菲尔铁塔的第七层，就是儒勒·凡尔纳餐厅。而儒勒·凡尔纳，就是那个著名的科幻小说作家。他写过《海底两万里》、《格兰特船长的儿女》。我们从他的那些故事里头能看出一点，就是人要求更多地了解自然、了解海底、了解太空，要求通过科学来增长自己的能力、增长自己的本事、增长自己的知识和见闻。这一点是值得我们中国人学习的，从小、从各个方面鼓励一个人多幻想一下，这是非常好的。当然，从美国的电影里头我们也能看到很多科幻题材。

电影当然和文学还不完全是一回事，但是任何电影都有一个脚本，这个脚本从某种意义上也是文学的，可以说是电影的起步。比如《星球大战》、《侏罗纪公园》等等。所以说，国外这一类想象的东西也非常值得我们参考。

还有一些呢，不完全是想象。有的故事是把一些人生可能的经验推到了极致，比如海明威的《老人与海》。它写一个孤独的老人在海上八十多天没钓到一条鱼，后来在第八十五天钓到了一条一千多磅的大鱼，他花了两天两夜才终于杀死大鱼，但是又有许多鲨鱼来抢，他又跟那些鲨鱼搏斗。这是一般人所没有的经验，也没人敢随便去尝试啊。说为了尝试《老人与海》里的情节，给你一条小船，到加勒比海上去逛一个礼拜，未必有人敢报名。中国有一个作家邓刚，他写过《迷人的海》。他是大连人，年轻的时候做过“海碰子”——就是在海底作业的人，完全是人工的，没有潜海的那一套设备，就靠人憋气，一憋能憋好几分钟，最长的有憋十几分钟的，憋完以后上来，人的眼睛全都红了，因为微血管都破裂了。他描写海底所能见到的种种情境。他其实是在写实，并不是幻想、想象。我举邓刚的例子是为了说明，想象也可以与现实接轨。

神话、童话、科幻，还有用各种稀奇古怪的方法来写的，都是一些想象的故事。还有一种，在文学作品当中也是一个非常重要的品类，就是动物小说。比如杰克·伦敦的重要作品之一《野性的呼唤》。他写一条狗，被人所驯养，是文明社会的一个宠物，后来被贩卖到北方寒冷的地区拉雪橇，残酷恶劣的生存环境使它不断成长，最终成为狼群之王，并响应内心的原始的呼唤，回归了荒野。哎呀，这样的描写会让读者感到非常激动。美国有一部非常有名的小说叫《白鲸》，它写人与鲸鱼的恩怨情仇。我们中国近几年也有这类作品，很受市场欢迎，也被大量介绍到国外去，比如《狼图腾》。尽管对《狼图腾》所提出的社会、民族方面的一些观点有各种争论，但我想这是文学作品，是一种想象，并不是一个国策似的进言书，并不是说今后我们都要向狼学习，我想不存在这样一个问题。它讲的那些狼的故事，确实也是非常受欢迎的。

不但有以动物为主角的小说，我也不揣浅陋，我还写过以静物为主角的小说，比如我的《木箱深处的紫绸花服》，我认为这是我八十年代写的一篇还不错的小说。小说的主人公是一件衣服。所以我想呢，人的想象力，补充了我们经验的不足，也突破了我们的经验。

（二）精神追求，上下求索

接下来，我再谈一下文学与自我，“精神追求，上下求索”。这里说的自我不是指自我的利益，而是人在文学作品当中一直在提出的问题，就是：我是谁？我应该怎样生活？我有哪些喜怒哀乐？我有什么样的感受？这些东西在其他学科里面得不到解决。你无法通过数学来解决这些问题，数学里面没有自我。数学的规律是普遍的规律，物理的规律是普遍的规律，但是文学非常关心人对自我的感觉。

人类一个伟大的发明就是镜子，因为人类在镜子中很清楚地看到了自己。如果没有镜子的话，你最多只能在水里照一照，只能看到模模糊糊的自己。而镜子的发明呢，就使自我分成了两部分：一部分是主体的自我，就是I；另一部分呢，就是客体的自我，就是ME。同样是一个“我”，一个是I，一个是ME。镜子里的“我”是ME，而不是I。如果我们懂得了这个道理，有很多作品我们就能理解了。

我举一个例子，也是我非常喜爱的作品，鲁迅《野草》里的《影的告别》。鲁迅说：

> 人睡到不知道时候的时候，就会有影来告别，说出那些话——
>
> 有我所不乐意的在天堂里，我不愿去；有我所不乐意的在地狱里，我不愿去；有我所不乐意的在你们将来的黄金世界里，我不愿去。
>
> 然而你就是我所不乐意的。
>
> 朋友，我不想跟随你了，我不愿住。
>
> 我不愿意！
>
> ……
>
> 我不过一个影，要别你而沉没在黑暗里了。然而黑暗又会吞并我，然而光明又会使我消失。

然而我不愿彷徨于明暗之间，我不如在黑暗里沉没。

然而我终于彷徨于明暗之间……

呜乎呜乎，倘是黄昏，黑夜自然会来沉没我，否则我要被白天消失，如果现是黎明。

朋友，时候近了……

我独自远行，不但没有你，并且再没有别的影在黑暗里。只有我被黑暗沉没，那世界全属于我自己。

这是很难理解的一种心态。这种心态，按我的理解，就有一种I与ME的对话。就是自己对于自己的这个样子、这个状况——在I与ME分离的时候——有所评价，有所批评，有所愿意，有所不愿。这样一种微妙的自我对自我的疑问、对话，是你在文学之外很难得到的。

国外当然也有很多这样的作品，譬如说《约翰·克里斯朵夫》，这是法国的著名作家罗曼·罗兰的名作。他写约翰·克里斯朵夫的一生，关于艺术，关于人，关于音乐，关于善，关于恶。这一生当中，他在奋斗着，他在困惑着。他有时候很顺利，有时候被误解，有时候被接受，有时候不被接受。但整个过程是非常动人的。

也许我们还可以回顾中国更早的作品。因为在屈原的《离骚》、《天问》等作品里，除了对社会、对朝廷、对个人仕途生活的种种慨叹以外，还有他对世界提出的疑问。

但是所有这些作品加在一块儿，都不如另一个人对于人类精神追求的表达来得强烈。我说的，就是歌德的《浮士德》。浮士德用自己的灵魂做抵押，希望更多地了解这个世界。我想一个人用不着天天研究自我，天天研究自我是很无聊的事情，是很愚蠢的事情。但是你偶尔抽一点时间，关心一下自我，关心一下自己的精神状况、心理状况，关心一下自己应该追求什么，应该舍弃什么，应该靠近什么，应该远离什么，这是有意义的。

文学有这样一种不可替代的作用，它让你为自己操操心，不是操心个人的得失，而是操心自我的定位、取向、迷失与回归，操心你的精神生活、精神世界，在文学中你面对着一个真实的自己。读一篇好的文学作品，应该说，也是一次自己与自己的极好的个别谈话。能够自己与自己进行美好谈话的人，比不能的人，要幸福得多。

第九讲

（一）人性剖析，入木三分

今天我们还是要谈两个话题。第一个呢，是关于文学与人性，我称之为“人性剖析，入木三分”。另外一个呢，我想谈谈文学与喜剧，我称之为“嬉笑怒骂，荒谬绝伦”。

我先来谈性格的问题。本来人性和性格这两个概念并不一样，人性指的是人的普遍性，而性格呢，指的是具体的、与他人不同的表现。当我们仔细地研究文学中的这些性格之后，我们就会发现，在这些特例当中，在这些个案当中，实际上存在着一种普遍的人性，至少是传达了人性的某些方面。

一说到人性和性格，我忍不住第一个想说的，就是阿 Q。因为阿 Q 是这样家喻户晓，而在阿 Q 之前呢，我们没有在国外的作品或者中国的作品中发现过这样的性格，但是他被鲁迅写出来了。鲁迅不但写他的精神胜利，不但写“哀其不幸，怒其不争”，而且也写到了阿 Q 身上鲁迅最讨厌的一个缺点，就是弱者向比自己更弱的人来施暴。你是被欺负的人，但你不敢向那个欺侮你的人发泄，因为你不是个儿，于是你就欺负那个比你更弱的。阿 Q 跟王胡打架，打不过，他还服气，因为王胡本来力气就比他大。后来他与小 D 打架也没赢，这次他有点不服，因为他觉得他明明比小 D 要强壮得多。他被王胡欺负了，被小 D 欺负了，更不要说被赵老太爷、假洋鬼子欺负了。他还能欺负谁呢？欺负小尼姑。他拿手摸人家的脑袋。你说这叫性骚扰吧，没那么严重，但是起码不是一种正派的行为。小尼姑哭着说“这断子绝孙的阿 Q”，来发泄自己的不满。阿 Q 的这种性格，实际上是非常惨烈的。

这种弱者的性格，我们从俄罗斯作家的作品里也能看到。比如契诃夫写的《小公务员之死》。写一个小公务员在戏院看戏的时候打了一个喷嚏，唾沫溅到了他前面的一个大官的脑袋上，他觉得自己对大官很不礼貌，就不停地道歉，请求原谅。还几次三番跑到大官那里解释，最后大官烦了：你烦人不烦人呢，滚出去！他一听，吓死了。这个故事非常惊人。但是这还不是契诃夫写的最令人受刺激的小说，契诃夫最令人受刺激的是他写的《套中人》。他写一个老师，这个老师是一个套中人，他胆小，老怕出事。他晴天出门也带着雨伞；耳朵里塞着棉花，他不希望听到不该听到的声音；他把脸藏在竖起来的衬衣领子里，不管天多热，别人都看不见他的脸；他老是一个劲地说：千万别出乱子啊！最可怕的是，这样一个人把全城的风气都带坏了，使全城的人都哆里哆嗦。这样一个套中人一出来大家都害怕，他就像传染病一样，像 SARS 病毒一样。他本身老怕出事，别人一看，也觉得要出事，快躲他远点。他把全城压得透不过气来。契诃夫还写过《普里希别耶夫中士》，写一个警察，在农村里，整天想着怎么处罚别人，整天要纠正这个，取缔那个。这真是一个非常深刻的形象。世界各地，都有这种专门与别人过不去的普里希别耶夫。

说到性格，我们还要看到，知识分子个性化性格在文学描写中占有很重要的地位。比如说孔乙己，他的命运大家都知道，这样的知识分子就非常令人感慨！孔乙己餐厅北京也有，绍兴也有，而且餐厅的门口还有孔乙己的雕像。因为我认识他们的老板，也在那里吃过饭，有人就让我题词，我就写“孔乙己学长”、“孔乙己学兄”。因为孔乙己要是晚生个百八十年呢，也可能今天坐在这里听我的讲座，要不就是我听他的讲座。他跟咱们是同行啊，都是念书的人啊，希望能混个学历。但是他的命运，就不需要我在这里细说了。

俄罗斯的作家也写了许多可悲的典型，其中有一个类型就叫“多余的人”。俄罗斯著名作家冈察洛夫写过一个小说叫《奥勃洛摩夫》，奥勃洛摩夫的形象，被杜勃罗留波夫评论为“多余的人”。主人公考虑的第一个问题就是，我现在要不要起床。我现在起？现在起来干什么呢？现在不起？我躺着干什么呢？我到底是起还是不起？是不起还是起？为什么我一想起我就得起？为什么我不起？对不起，这已经不是它的原文，已经是经过王氏加工了。总之就是这个起、不起，起、不起，好几个pages过去了，他还躺床上没起呢。这也是一种痛苦啊，你在社会中没有位置，你在人生中没有位置——北京话叫作“有你不多，没你不少”。这种痛苦，未必比解决不了温饱问题来得轻。解决不了温饱，维持不了生存，这是很悲哀的事情。可你能维持生存了，却没有事情可做，每天先研究起不起，起来以后又想要不要立刻躺下，要不要吃饭，这样的生活也是非常痛苦的。

不仅这个奥勃洛摩夫，莱蒙托夫写的长篇小说《当代英雄》里的毕巧林，也是一个“多余的人”。屠格涅夫写的那些知识分子，也是“多余的人”。屠格涅夫的小说里面有一个大知识分子叫罗亭，《罗亭》本身也是一本非常有名的小说。罗亭的特点就是言语的巨人，行动的矮子。

中国写到这些读书人、知识分子，除了孔乙已以外，还有一些什么人物呢？我们也可以随便举一些例子。比如说贾宝玉，贾宝玉也算是青年知识分子。贾宝玉本身其实也很像“多余的人”。薛宝钗给他起了一个外号——无事忙。他这点倒是比奥勃洛摩夫幸福一点，奥勃洛摩夫是又无事又不忙，难受得要死。贾宝玉无事，但是他忙。他张罗的事多，他关心的人也多，他爱的人也多，见一个爱一个，所以说他是“无事忙”。

这些不同的性格，通过文学与我们生活在一起，使我们对人的多样性有了进一步的了解。再比如说鲁莽的人，我们知道李逵，我们知道张飞，我们知道楚霸王。楚霸王这种人物，也是一个奇迹：他是一个失败者，但是人们同情他。他犯了无数的错误，比如他放一把火把阿房宫烧了，这是不可原谅的错误，破坏国家文物，是不是啊？！他都对不起我们，要是这阿房宫有个遗址那多棒啊！但是人们最后仍然对楚霸王有一种欣赏，有一种同情。我相信我们的女生，宁愿嫁楚霸王，也不愿意嫁刘邦。

再比如写人的吝啬，如果没有文学，我们都不知道还有人这样的吝啬。《儒林外史》里的严监生，临死还伸着两个手指头。身边的侄子们问：你还有两个亲人没见面？你还有两笔银子没吩咐？他媳妇了解他。他媳妇说：那灯用了两个捻，太浪费。于是赶快灭掉一个捻。这时候这个严监生才点点头，把手垂下，含笑离世。莫里哀有一个好几幕的话剧《悭吝人》，主人公的名字叫阿巴贡。他藏了很多财产，要儿子娶不要彩礼的寡妇，逼女儿嫁不收嫁妆的老头。如果没有文学，我们不会有这么多生动的人物形象。

但是在文学里面，还有一些既好又不好的人物性格。比如说塞万提斯写的堂吉诃德。这个也很有趣啊。西班牙马德里的市中心有一个西班牙广场，广场上竖的是堂吉诃德的像，旁边还有桑丘，还有塞万提斯的像。有一大堆塑像，因为这是西班牙的象征。而堂吉诃德本身并不是一个特别正面的人物。他很可笑，代表着脱离实际的一种人。他生活在一种完全脱离生活的浪漫主义和英雄主义里面，和风车战斗，做过很多可笑的事情。但是堂吉诃德又有他可爱的地方。当我们说一个人是堂吉诃德的时候，我们甚至会觉得这比一个完全实用主义、完全机会主义、完全物质主义的人还可爱一点。

又比如说，契诃夫当年写了一个小说叫作《宝贝儿》。他的本意是要讽刺一个人，可是这个《宝贝儿》写出来以后呢，让人觉得这个女主人公非常可爱。她离了爱就生活不下去。她有条件爱这个人，她立刻就爱，没有条件，她又爱那个人，没有那个人，她就爱他的孩子。

我刚才说的这些性格呢，大部分是带一点缺陷的。其实文学里面那种正面的、英雄的形象，比如说岳飞这种精忠报国的形象，也非常动人。这种英勇的形象，我这里就不一一说了。

最后我再给大家讲一个故事。文学在剖析人性方面之入木三分，真有让人听了以后觉得惊讶的。印度有一个故事，讲的是人的嫉妒心。说有一个人，有机会见到上帝。上帝就说，你这一辈子过得还不错，我准备满足你的一项要求，什么要求都可以，但是呢，我有一个条件，就是我要给你的邻人以双倍的馈赠。那意思就是说，这个人得到一所房子，他的邻居就得到两所房子。如果这个人说我要一万块钱，那么他的邻居就可以得到两万块钱。如果这个人说我想要一个大美人，也可以，那么他得一个美人，他的邻居得两个美人。这个人听到这个条件以后，进行了艰苦的思索。最后他是怎么回答的呢？他说：上帝啊，请你挖掉我的一个眼珠吧！我宁愿挖掉一个眼珠，虽然成了独眼龙，但我还有一个眼。可是邻居呢，一挖就是挖两个眼。那么他就终于败给我了，否则的话，我永远败给我的邻居。这虽然是印度的一个民间故事，也不可当真，可是它对于人性的剖析可谓入木三分、一针见血，实在是值得我们拍案称奇。

（二）嬉笑怒骂，荒谬绝伦

下面我再讲一个问题——文学与喜剧。这个文学啊，有时候在一些荒谬的故事里，表达了一种清醒，表达了对人世间的一种反省。我们会做很多荒唐的事，很多愚蠢的事，很多不应该做的事。我曾经说过，幽默感常常是智力上的一种优越感。为什么会有幽默感呢？因为你做的一些事，我瞧着它可乐，我瞧着它 funny。所以很多幽默的产生，实际上是因为一个人在智慧上超越了别人。

比如说刚才我讲到的那个印度的故事，你可以说那是对人性火辣的批判，是对人的嫉妒心理的批判，但另一方面，你也会为之一笑。如果你不是那么喜欢嫉妒的人，当你看到别人那种嫉妒心的时候，你会既替他难受，又不免为之一笑。

我还认为，幽默是一种成人的智慧。我年轻的时候喜欢煽情的文学，我要求看完了作品以后热血沸腾，最好是出门就给坏人捅一刀子才好，这个作品才没有白看。但是成人就不一样，他就能够看出这个世界的种种破绽来。

我愿意举一个例子，也是一部很有名的书，就是美国的《第二十二条军规》。它说的是第二次世界大战期间，美国的一个飞行大队驻扎在一个岛上。这个岛上的美国军官都是些官迷，心理也都不太正常，有很多的问题。有一个空军飞行员慢慢地对他们厌倦了，就假装自己精神不正常，想停止执行飞行任务。但是美国的第二十二条军规规定，只有在你疯了的时候，你才能停止飞行。但是凡是能够清醒地提出申请而且声称自己疯了的人，都应该被视为没疯。这又是一个悖论。这就像喝酒的人一样，真喝醉了，就像侯宝林相声里说的，就会说：我没醉。于是这个飞行员深深地体会到，原来在这个社会上，有许多第二十二条军规。表面看，很合理啊，如果你疯了你可以申请停飞。但是话又说回来了，如果你真的疯了，你还能很清醒地判断你自己的状况吗？这就是人的荒谬性。这个世界上有很多事情，表面上看非常合理，但实际上是很荒谬的。

我们往更早一点说，奥地利作家卡夫卡（他出生在捷克，也可以算捷克作家）特别善于写人的荒谬。比如他写《审判》，不知道怎么回事人就被抓了，也不知道是在审判什么，最后就处决了。他写得很恐怖。他写的《变形记》更恐怖，写一个人一觉醒来发现自己变成了一个硬壳虫。我想在这样一些讽刺和荒谬化的处理当中，文学实际上是在用一种曲折的方式来帮助我们认识这个世界，也认识我们自身：我们自身有哪些弱点，哪些破绽；这个世界有哪些弱点，哪些破绽。它可以帮助我们更聪明，也可以帮助我们有所超越，有所克服。这也是文学给我们的启迪之一。

荒谬是一种感受，也是一种批判，我们承认人生确有荒谬的东西，需要批判的东西，需要改进的东西。同时，我们又叹息，作家是太敏感太聪明了，他们是多么善于发现荒谬啊。但在对于荒谬的发现与敏感当中，本身就不含有荒谬的因素吗？愤世嫉俗本身，有没有可能也是一种俗呢？这个问题，让我们另外找机会讨论吧。

第十讲

（一）言语通天，鬼神风雨

今天我们讲三个话题。一个是文学和语言，一个是文学的方式，一个是文学与我们的精神家园。这三个问题都非常重要，我为什么要合起来一起讲呢？因为这方面的作品、论著都比较多，我个人在这几方面也都专门地讲过，所以我不想在这里特别展开讲。

关于语言问题，我称之为“言语通天，鬼神风雨”。为什么叫“鬼神风雨”呢？因为杜甫说过李白的诗是“笔落惊风雨，诗成泣鬼神”。而《淮南子》上也曾经说过，仓颉造字的时候，“天雨粟，鬼夜哭”。言语可以通天，因为它有很大的力量，它可以改变命运。我们看文学当中的语言，有的是那样雄辩，有的是那样生动、那样鲜活。比如《红楼梦》，你看多了，连说话都会受影响，都会变成那味儿的了。不信你试试，要是北方人更是这样。

有时候我特别惊异于一些最普通的语言，它怎么能说得这么好。大家知道一首乐府民歌：“江南可采莲，莲叶何田田。鱼戏莲叶间。鱼戏莲叶东，鱼戏莲叶西，鱼戏莲叶南，鱼戏莲叶北。”没有比这种说法更简单的了，甚至我们可以说没有比这样的说法更笨的了。但是呢，这诗给你的感觉就跟你去看鱼一样。这鱼不停地动，哧溜一下，鱼戏莲叶东，再哧溜一下，鱼戏莲叶西——东、西、南、北，你看到的是这样一幅画面，快得不得了。这是静止的几个字，也不会变化，也没有幻灯片，也没有音像资料，可是这比音像资料还要生动。鱼戏莲叶东，鱼戏莲叶西，鱼戏莲叶南，鱼戏莲叶北。这是怎样的动感、活跃，太棒了！

还有的语言，那么雄伟，那么悲壮。比如说《共产党宣言》在结束的时候说：“共产党人不屑于隐瞒自己的观点和意图。他们公开宣布：他们的目的只有用暴力推翻全部现存的社会制度才能达到。让统治阶级在共产主义革命面前发抖吧。无产者在这个革命中失去的只是锁链。他们获得的将是整个世界。”这话本身的力量也是翻天覆地的，都是些美丽的句子，也都是用最普通的语言来组合的。

最近我刚去过扬州。有很多最美丽的句子描写扬州。“故人西辞黄鹤楼，烟花三月下扬州”，还有“二十四桥明月夜，玉人何处不吹箫”（还有一个版本是“玉人何处教吹箫”，我小时候读的是“不吹箫”，现在都变成“教吹箫”了）。白居易是以写诗妇孺皆知而著名的，但是他有的句子美得让你没有办法，比如：“江南好，风景旧曾谙。日出江花红胜火，春来江水绿如蓝，能不忆江南？”比唱还像唱，这是歌曲。白居易还写过“汴水流，泗水流，流到瓜洲古渡头。吴山点点愁。思悠悠，恨悠悠，恨到归时方始休。月明人倚楼”。白居易除了有同情人民疾苦的一面，也有他很潇洒、很风流的一面。这些从他的诗句里就能看出来。

文学是语言的艺术，一个学过文学的人，他的语言能力会高于其他人。一个语言能力高于其他人的人，他成功的可能性就更大。这个成功，包括爱情上的成功。我曾经到一个工科大学去讲演，一个男生问：“我对文学一点兴趣都没有，王先生您看怎么办？”我说那没兴趣就没兴趣吧，因为你学的又不是文学。我唯一担心的，就是你将来情书写不好，影响你在爱情上的成功。全场都热烈鼓掌，都认为我讲得很有道理。

我还愿意借这个机会向大家贡献一段英语的奇文。虽然这并不纯属文学，但是其中体现的语言能力也非常强。美国国防部原部长拉姆斯菲尔德 2003 年被世界记者俱乐部授予“文理不通奖”，因为他有一段讲话，当别人问他关于伊拉克大规模杀伤性武器的问题时，他说：As we know（据我们所知），there are known knowns（有些事知道是我们所知道的）。There are things we know we know（有些事呢，我们知道我们已经知道了）。We also know（我们也知道）there are known unknowns（有些事我们知道我们是不知道的）。That is to say（也就是说呢），we know there are some things we do not know（我们知道这里头有些事我们不知道）。But there are also unknown unknowns（与此同时呢，我们不知道我们不知道一些事），the ones we don’t know we don’t know（也就是那些我们并不知道我们不知道的事）。我连着给你们读一下：As we know, there are known knowns. There are things we know we know. We also know there are known unknowns. That is to say, we know there are some things we do not know. But there are also unknown unknowns, the ones we don’t know we don’t know. 哎，这语言能用到这个程度也很棒啊，而且都合乎语法。我们知道我们知道一些事情，我们知道我们不知道一些事情；我们不知道我们知道一些事情，我们不知道我们不知道一些事情；有些事情我们知道其实是不知道我们所知道的事情，有些事情是我们不知道我们知道其实是我们不知道那个事情；我们现在也不知道我们到底知道不知道。第一，它是绕口令；第二，它练习我们口语的能力和逻辑思维的能力；第三，说老实话，记者是开玩笑说他文理不通，我恰恰有一个相反的感觉，我觉得，他在这里表达了人类在认识论上的困境。当然，他讲这些话是为美国的伊拉克政策辩护的。对伊拉克政策问题，文学是启迪不出来的。但是作为认识论的困境，他表达得非常好。我们想一想，这世界上的事情不就是这样吗？我们知道我们知道一些事，我们也知道我们不知道一些事，还有些是我们不知道我们到底知道多少，我们不知道到底还有多少事我们不知道。我们自以为知道的事，我们可能不知道。我们自以为不知道的事，可能已经知道。对于认识论的困境，他表达得非常精彩。

（二）直观感动，虚拟回忆

我们在这里讲一点文学的特色。不同的职业，不同的角度，就有不同的思维方式和生活方式。政治家会注意权力的分割和运作。经济学家会注意财富的形成和流通。警察会注意犯罪的产生和遏制、侦破和打击。那么文学家呢？他对世界的关注是在哪个角度上呢？文学家习惯于对这个世界采取直观的关注方式。

对于文学来说，没有不重要的事，大事要描写，要关注，小事则更加重要。文学让人们感动的恰恰就是某一个细节。正面的描写是必要的，侧面的、背面的、反面的描写也是必要的。而且一般来说，文学作品给人的并不是一个简单的结论，而是一个立体的、全面的生活，是要让你对这个生活有所感受，有所感悟，而不仅仅是得到一个判决书，说张三错了，李四对，或者王五是好人，赵六是坏人，它不是这个意思。

文学给人提供一种感悟的方式、记忆的方式、怀念的方式，甚至是虚拟的方式。别的事情你不能老是虚拟，老是假设。比如说，你参加工作了，到发工资的时候，你不能跟你们单位的财务来讨论假设：假设我的工资又提了三级，你应该发给我多少？你说那话是没有任何意义的。可是对于文学来说，假设完全是有意义的。虽然你的工资每月只有两千块钱，但是你想写一个每月收入有两万块钱的人，你要是想得好，又有这方面的经验，你就能写出来。如果你要设想一个每月有两亿元收入的人呢，多半你就写不好了，因为你很难有这方面的经验。当然也可能恰恰相反，你是一个穷光蛋，但你要写一个大富翁，你可以大胆想象，出神入化，而且你写富翁没有任何负担与顾虑。

文学让我们多有几套方式来认识世界，来认识自己，来认识人生，这比只有一种方式好。我举个例子来说，如果你受到了挫折，或者从物质收入的角度上说，受到了损失，那么它肯定是一件坏事。可是对有文学感悟的人呢，他就会觉得这是一个很好的经验。人生中也会有被人空口说白话，被人栽赃的可能。遇到这种事情，应该沉着，应该清醒，你应该相信，真相终会大白。这是一个很好的经验。即使你不把它写到你的作品里边，只是在口头上向别人叙述一下你的经验，它也增加了你的人生的魅力。这就是文学可以给你提供的一种方式。

再比如，有个孩子把钱丢了，哭了起来，你从那里过，问他怎么回事，然后马上给了他二十块钱。哎呀，孩子非常高兴，说声“谢谢”之后就走了。你得到了一种满足，你帮助了他，你看到他的脸上露出了笑容，这个笑容够你记好几年的。这种满足，从经济上来说是没有什么道理的，你用不着给他钱，从法学上、经济学上你都没有义务这样做。但从文学的角度上，你这样做，很好，当然，从道德的角度，也很好，因为你帮助了别人。总之，文学给了我们一个活法，文学给了我们一个认识世界、感受世界、认识自己、掌握自己的角度。

（三）共鸣慰藉，沉吟受用

文学实际上给了我们一种精神上的营养，也是我们精神的一个家园。我称之为“共鸣慰藉，沉吟受用”。

有时候我们说文学是精神食粮，这话是不错的，但是“精神食粮”是一个很广义的词。食粮既包括大米白面，牛肉白菜，也包括烟酒茶——烟不太好，现在不是提倡不吸烟嘛——也包括饮料，也包括药品，也包括什么王老吉凉茶、感冒冲剂、板蓝根等等。同样，对于文学的饥渴也是很难受的啊。一个认字的人如果没有一本有意思、有启迪的书看，你想是多么痛苦。

我在新疆的时候，在那个没有什么书的年月里，听维吾尔族的一个老作家帕塔尔江说过，他出差，旅馆里没有什么书可看，怎么办呢？他就看电话本。原来我以为这个故事很奇特，其实这并不奇特。我不知道你们是不是看过美国那部获奥斯卡奖的电影《雨人》，那个主人公是有自闭症的，他的弟弟私自带着他离开医院，住在旅馆里，然后随手给了他一个电话本，他就开始背诵电话本。第二天早上，他说我已经背到G了。这是很可笑的事情，也是很悲惨的事情。

我们今天很幸福，因为我们有许多的书可以看。从这些书里边，可以得到启发，可以得到营养，可以得到休息，尤其是可以得到共鸣。你觉得你有过不幸的遭遇吗？请读文学作品，那里面的人有比你不幸得多的遭遇。你觉得你碰到了世界上最美好的爱情了吗？请读文学作品，你与罗密欧的故事并不一样，你比普希金的诗里面描写的感情也还差一点。你想念自己的家乡吗？你想念自己的父母吗？请读文学作品，那里面所描写的亲子之情是多么可爱。你觉得你碰到坏人了吗？对不起，请读文学作品，文学作品里面的那些恶魔，比你遇到的坏人坏多了，你还算是够走运的呢，没碰到文学作品里面的那个。所以，文学作品能够引起我们的共鸣，能够给我们一点安慰。当然这安慰不是让你完全满足，那也不可能。画饼充饥毕竟是画的饼，并不是真正的饼，应该给自己找真正的饼嘛。但是文学作品这种精神上的安慰同样重要。

普希金有一首诗，我们年轻的时候都会背，《假如生活欺骗了你》：

假如生活欺骗了你，
不要悲伤，不要心急！
忧郁的日子里需要镇静，
相信吧，快乐的日子将会来临！
心儿永远向往着未来；
现在却常是忧郁。
一切都是瞬息，一切都将会过去；
而那过去了的，就会成为亲切的怀恋。

2007 年 11 月

小说的世界

我写过一些小说，但我不是小说史的专家，不是文艺学的专家。写小说的人并不是读小说最多的，因为他把精力都放到写上去了，搞教学的、搞评论的可能读得更多、研究得更系统。所以我讲的不一定符合经典的、史的、论的眼光，只是我个人经验之内的那个小说世界。

一、小说的产生

小说产生于民间故事，人们对小说的需要、对小说的实践，起源于讲故事。我们小的时候都愿意听大人讲故事，这不是正式的学习，不是上课，是娱乐性的。不考虑各派的学说，只考虑一个很实际的现象：我们为什么希望讲故事？人有一种好奇心，有一种寂寞感和局限性。人有一个很大的矛盾：生命是有限的，而你渴望了解和体验的东西又是无限的。一个孩子看到一只大鸟在天上飞，很有兴趣，而他自己没有翅膀不能飞；看到水里有鱼，他也不可能下到水里和鱼一块儿生活。所以，人自从有了心智以后，就感到现实的人生和自己的生命处在一种非常局促的状态。一个人能活到九十岁就很不错了，你每年搬一次家，也不过九十次，而且这很难做到。你的见闻、知识都很有限，讲故事则能使你得到一种趣味、一种知识、一种新的体验。

我们中国人常给孩子讲大灰狼的故事，它使人感到亲情的可贵，感到如果自己的母亲被大灰狼冒充的话是非常可怕、非常悲惨的。中国有受后妈虐待的故事。意大利作家亚米契斯《爱的教育》中有一个故事，讲一个孩子走了几千英里去寻找他的母亲。多数孩子都没有这样的经历，这使孩子反过来感到一种安慰，更珍惜自己的母亲。

世界上最精彩的关于故事的故事是《一千零一夜》，大家都很熟悉。一个暴君由于妻子对他不忠实，就要报复所有的女人——每天娶一个，第二天把她杀掉。后来娶了宰相的女儿，她给国王讲故事，故事讲得太好了，第二天早晨该死的时候国王没杀她，让她继续讲，一直讲了一千零一夜，最后国王改变了他杀人的规矩。有一个学者非常重视这个故事本身，认为讲故事是对死亡的一种抵抗，是对暴戾的一种抵抗，是对人性的一种召唤和抚慰。人有一种孤独感、恐惧感，悲惨恐怖的故事能让人获得一种宣泄和温馨。

中国“二十四孝”的故事所宣扬的观念是十分陈腐的，但其中一些作为民间故事看很有趣味性。父母病了想吃鱼，冬天黄河结了冰，孝子就脱光了身子卧在冰上，把冰焐开，一条大鲤鱼自己就蹦了上来，孝子把鱼拾回了家。还有“为母埋儿”的故事，家里穷得过不下去了，要把儿子埋了——这十分可怕，而且本身就是很不道德的，为了埋儿挖地挖出了金子，这是令人反感的白痴行为，没有任何可行性。但它们都包含了故事的契机，都有一个理想化的结尾，使不可能的事情通过故事成为可能，使人的愿望得到虚拟的实现。

从哄孩子睡觉到带有教化色彩的故事，我们已经看到小说的萌芽。

二、古典主义小说

不管中国还是外国，最早的小说都带有古典主义的味道。所谓古典主义的味道，首先是人物的类型化、英雄化、精英化，写帝王将相、才子佳人、游侠骑士、奇人异士，都非平庸之辈。同时，我们看到这些人物又相当类型化，君有明昏，臣有忠奸，美丑分明，善恶分明。很少写普通的人和平凡的事。

其次，古典小说追求故事的戏剧化，追求故事的大起大落。如好人经过千难万险，各种考验和试炼，最后取得胜利；坏人权倾一时，嚣张一时，最后归于失败。

再次，情节的模式化。它有几个相当固定的模式：复仇的模式，如外国的《基督山伯爵》，中国的《赵氏孤儿》、《狸猫换太子》，都是从冤屈到复仇的故事。才子佳人的模式，公子落难，小姐慧眼相救，私订终身，经过种种曲折，公子建功立业与小姐完婚，夫贵妻荣。这种故事太多了。这里有一个很有趣的含意——男人在危难时需要女性的保护。人类在很长的历史阶段中是以男性为中心的，男人更政治化一些，总是处在斗争的前沿，莫非是让风险小一些的女人打掩护？或者仍然体现着以男权为中心的一厢情愿？这是很有魅力的一种模式，一直到今天许许多多的小说仍未能摆脱它。清官赃官的模式，如人人皆知的包公的故事，他的秉公执法、他的料事如神一直发展到神话的程度：白天断阳间的案子，晚上做梦断阴间的案子。民族英雄的模式，中外各个民族几乎都有自己的民族英雄的故事，他们首先是体形体能就与众不同，其次品德高尚、智慧超人，最后他们在战争中杀人如麻，屡立奇勋，或者是屡战屡败，备尝艰苦而终获全胜。与民族英雄相对比，还会出现一些超常的坏人丑类。

古典主义有非常强的教化色彩。不管故事多么复杂，最后都是好人胜利，坏人失败，包含了一个劝善的主旨。它与社会公认的道德评价是一致的：忠战胜奸，孝战胜逆，节操战胜淫乱，信义战胜邪恶等等。

古典主义在古典小说中占有正宗的地位，但有些古典小说虽然仍旧不能完全摆脱古典主义，但它们已程度不同地包含了现实主义的因素，如《红楼梦》、《儒林外史》，又如魏晋的笔记小说，一直到蒲松龄的《聊斋志异》，它们大部分是文人创作的小说，以文人的创作为主，而不是以民间故事、传说、口授文学（话本）等为主体。它们表现的更多的是文人的趣味和幻想。

古典主义并不完全是一个历史的概念，它的一些准则到今天也没有完全死亡，比如贾平凹的有些小说，它的语言，它的叙述方法，甚至一些人物，都有很强的古典的色彩，我称之为“亚古典主义”。

三、现实主义小说

它与古典主义有很大不同，它的人物不是类型化，而是典型化，尽管典型化这个概念说不大清楚。它塑造各式各样的人物，有大人物，而更多的是小人物，自相矛盾的人物，无所作为的人物，莫名其妙的畸形人物。如百无聊赖的“多余的人”奥勃洛摩夫，谨小慎微的“套中人”，罗亭式的言语的巨人、行动的矮子，还有高老头、阿Q等等。从以情节故事为中心转移到以人物为中心，它可以把人物写得很深。如巴尔扎克笔下的单身汉、野心家或一个感情世界非常复杂、强烈、痛苦的女人。现实主义希望表达和显示人物更独特的性格和对人性更新的发现，而不仅仅是外在的性格或气质，如鲁莽、急躁、多疑、马虎等等，这就比古典主义前进了一步，但可读性与奇、巧、完整等方面，又似乎不如过去。

其次，对细节的描写生动、详尽、准确。有一个苏联电影

《托尔斯泰的手稿》，讲托尔斯泰如何在小说《复活》中反复修改女主人公玛斯洛娃出场时的形象，画家根据他几稿不同的描写分别画出人物的肖像，作者最后选定其中的一种。现实主义写对话如闻其声，写肖像、场景如月光、晨雾、树林、暴风雪、海、船等使人如临其境，都达到了前所未有的高峰。现实主义在描写上取得的成就是无法逾越的。你现在想在人物肖像、城市氛围或天气变化的描写上超过托尔斯泰，超过巴尔扎克，简直是无望。我觉得西方现实主义大师在描写上的功力与科学技术和实证主义的发展有关，中国古典小说不重细节的描写，而重在意会，写一个女子好看——身如弱柳，面似桃花，这无法从实证的角度去分析。而西方的几何学、光学比我们发达，给它的文学描写带来一种准确感、精确感。

再有，就是人道主义的批判精神。关心人，特别是被侮辱与被损害的可怜的人，弥漫着对不公正社会的批判精神。《复活》的批判锋芒指向俄国的整个上层社会，它写到了大理院、元老院、教会。屠格涅夫的《木木》写一个老农奴连心爱的狗也不能见容于主人，最后被迫亲手将它溺死。它们都是从人道主义的立场出发，批评、批判了权贵和富豪们，为生活在社会底层的老百姓鸣冤叫屈。

在现实主义中也有一些变化的因素，如狄更斯，我觉得他既是现实主义的，又是亚古典主义的。他作品的情节、脉络十分清晰。如《雾都孤儿》写一个出身贵族家庭的孩子，不幸落入黑社会之手，受到坏人的教唆，处境非常危险。故事是在善与恶、忠与奸、高贵与卑鄙的矛盾斗争中展开的，情节大起大落。这与巴尔扎克和托尔斯泰有很大的不同。还有法国的梅里美，他写了一些对欧洲来说也是少数民族的故事。歌剧《卡门》就是根据他写吉卜赛人的小说改编的。他追求的很难说是现实主义，他追求的是戏剧化，是奇风异俗，写爱情、流血、仇杀，古典主义的味道非常浓。

中国现实主义的情况比较复杂，中国式思维的特点是对事物总体性的把握。当我们说《红楼梦》是现实主义的时候，我觉得从总体上说是不错的，特别是对人物的描写，它不是类型化的，它重视现实生活中人物的命运，也有对被侮辱与被损害的小人物的同情，如对晴雯、金钏、芳官等，也有对家族和社会黑暗的揭露。但它与欧洲工业革命时期的现实主义有很大不同，它充满着梦幻、虚无、对人生无常的慨叹，不拘泥于写实。

四、浪漫主义小说

它与比较客观、比较冷静地描绘社会和人生的小说不一样，它充满了激情。比如雨果的《悲惨世界》、《九三年》，都是把人物放到最尖锐的矛盾当中来写，使你感到作者的激情就像火焰一样。又如陀思妥耶夫斯基，没有哪个文学史家把他看成浪漫主义，但从我的阅读来说，我觉得他更接近雨果的性质。他写作时急得有时多少页都不分段，或是请一个速记员，由他口述，使你感到那种激情就像泛滥的洪水把他自己的作品都淹没了。他顾不上精雕细刻，顾不上冷静分析，也顾不上“如实反映”。你如果用对巴尔扎克的期待读陀思妥耶夫斯基的小说，可能读不下去，反过来说，你如果用对陀思妥耶夫斯基的期待读巴尔扎克，也读不下去。

五、现代主义小说

现代主义是一个非常混乱的概念，我所理解的中国所谓现代主义小说有这样一些特点：

（一）写人物的内心。它与现实主义写人物的性格、命运和显示其社会性有很大区别，侧重把握人的灵魂深处的东西。它与弗洛伊德的学说有紧密的联系，因为弗氏发现了人的无意识。一些现代主义的范本写人的心灵所达到的深度是前所未有的，甚至是惊心动魄的。就像一个精神病患者丧失理智后凸现出来的隐秘的恐惧或欲望使人震惊一样，能令读者感到一种灵魂的刺激或共鸣。

（二）反煽情。人类越来越走向成熟，开始感觉到过去文学作品的煽情性太强了：好的就是那么好，坏的就是那么坏，爱起来就是罗密欧与朱丽叶式的，就是贾宝玉与林黛玉式的。人们慢慢认识到事情并非那么简单，爱情是美丽的，但它又不能永远沉浸在诗意和圆满之中，不承认这一点常常使你陷入某种尴尬。王朔写爱情带有一种嘲笑的口气，《过把瘾就死》中女主人公把男的捆起来问：你到底爱不爱我？女子痴情执着不能说是缺陷，但你看到这儿就觉得很可怕。王朔本身并不是现代主义，但他的这种生活态度和艺术观念与现代主义的潮流有关。

（三）人们开始用审慎和批判的眼光看待世界上一切美好的东西，用相对主义的观念来看待人生。圣人伟人也有很可怕的一面，他们在一定的条件下可以视旁人凡人如草芥。钱锺书三十几岁就说过类似的话：绝对洁白的心、绝对洁白的观念与完全的黑心其效果是一样的。你的心被神圣、伟大、崇高、健康都占满了，你容不得一点世俗、平庸和缺陷，这是一种很可怕的压力和异化。这就构成了现代主义的另一个特征——非英雄主义。

（四）形式上的颠覆。文学充满了悖论，没有一定之规。所谓不要故事，不要人物，不要节奏，不要标点符号，没有秩序（扑克牌小说）等等。现代主义作为一种文学思潮有很大的革命性、创造性，但它又有很大的破坏性。有人认为我是现代派，其实我离现代派远得很。现代主义的经典之作我一个也没完整地看过，看不下去，但是，作为一种艺术创作我完全能理解。比如不用标点，这是许多语言学家深恶痛绝的，但我觉得没什么不可理解，它就是相声中的“贯口”，一口气说下来，表现一种技巧或激情。还有京剧中的“骂殿”也是如此。又比如扑克牌小说，也没有什么可怕的。中国的古诗讲究集句，比如把四首诗中各一句拿出来，联成一首新诗，这不就是扑克牌诗的意思吗？当然，这些都不是正统，但作为一种试验没有什么不可以，不足为奇，不必义愤填膺。至于外国的现代主义、新潮小说、新小说到底在追求些什么，成败如何，我知之甚少，却很值得研究。

六、我自己的创作体会

（一）从自己的经验和感受出发。我写的东西都是以我的经验和感受为依据的，而这种感受又不能强求，不是为了写小说才去感受。《活动变人形》中就有我童年时期刻骨铭心的感受，它不是为了写小说才寻求的。是不是所有的作家都是从他的经验和感受出发呢？我不敢这么说。苏童所写的东西我不敢说都是他体验过的，他写《妻妾成群》的时候还未结婚。作家是需要点敏感和激动的，太冷静了写不出来，而太激动了写出来的东西往往比较虚，这又是一个文学上的悖论。

（二）文学是一种记忆的形式，那些内心的深刻的体验在历史教科书上是不会有的，在论文集上是不会有的，只有通过小说、诗歌来表现，通过文学来表现。

（三）有了经验、感受、记忆还是不够的，一定要有虚构，要有一种对艺术乌托邦的向往和追求，要有能力去建构一个艺术的世界。小说提供的世界毕竟与现实生活的世界是不一样的，比如你写一个苹果，假若这个苹果和真实的苹果一模一样，那你何必写这个苹果呢？你给他买一个苹果不是更好吗？这种虚构实际上是向读者提供一个文学的乌托邦，使读者得到一个在现实生活中不一定能得到的东西。古往今来，以爱情为题材的小说最多，说明什么呢？说明大家都有爱情的要求、欲望、幻想和激情，然而很少有人能使他的要求、欲望、幻想和激情百分之百地实现。爱情总是带有不满足和某种遗憾，这就需要文学来填补。又如复仇的小说也很多，这恰恰说明现实生活中平冤狱的困难。

（四）追求文笔的自然和行云流水，不赞成雕琢和过分的苦吟，所谓“吟安一个字，捻断数根须”。我也不赞成“惨淡经营”四个字，它立刻使我联想到“捉襟见肘”，联想到您只有二百块钱就想开一个公司。当然每个作家的习惯是不一样的，据说福楼拜写《包法利夫人》，为了追求艺术上的完美，拿到一次校样他改一次，拿十次改十次，拿二十次改二十次，永远没完，几乎成了一种病。书商火了，不许他再改，这才打住。

（五）不拘一格，博采众家之长。我不认为各种风格和流派是对立的，如上面提到的古典、写实、浪漫、现代等等，到我这儿都不对立。《红楼梦》就不对立，它既是写实，又不是写实。我还主张写作不要勉强，写不出来不要硬写。

1996 年 4 月

小说的可能性

大家好！我是抱着一种交流的态度来的，因为咱们这一期的学员都是搞创作的。我呢，不管别人对我说些什么好听的话，我已经七十多岁了，我的结构、我的语言、我的经验、我的知识里头有许多属于过去式了，不像各位正是时候，所以我说的时候就特别希望你们听着、你们琢磨、你们跟我抬杠，说“他现在说这个太无聊，现在早就不这么提了”。咱们最后能够留上一点时间，听听大家对我的纠正、批评、质疑和补充，这是我最大的愿望，这不是假的是真的。

我讲的题目是“小说的可能性”。大约十几年前我在这儿讲过小说的可能性，要查记录能查到，但是我这次讲的跟以前那次完全不一样，同一题目每一次都有所不同，可以互相参考。

第一点，可能性是文学的一个关键词。在其他的事业上来说，可能性往往只是可行性，往往只是事业的开端。比如说一个计划、一个方案、一种政策的制定等等，它们谈的只是开端，甚至有些技术，有些艺术品类，可能性也不等于完成。比如说作曲，曲作得再好只是一种可能性，最后完成要靠乐队演奏出来。如果是一首歌，要靠歌唱家、歌手、歌星把它唱出来，甚至于得到群众的好评或者感动了人等等。

但是文学不同，文学基本上追求的就是可能性，我们写的东西如果是现实的，有充分的事实根据的，那就是对再现这种现实的可能性的一种探索。因为即使是同样一个事实，都可能有一千种说法或者更多。如果说这里头还加了你的许多想象，那更是一种可能性的探索。

小说又是文学样式当中以最接近人生的那种形式出现的。诗歌是文学里的一朵奇葩，是一朵好花，但是诗歌和人生本身的样式有比较明显的区别，它是浓缩了的，它更感情化、更抽象等等。戏剧呢，它也没有小说那么人生化，因为戏剧的一场演出有很多的特殊要求与安排，比如怎么抓住人等等。这些我都不解释，我相信你们比我还明白，而小说是最接近人生的，所以小说就是对于人生的可能性的一种追求，一种探索，一种实验。

原因之一就是我们人生的现实性受到的限制太大了。我说受到的限制不仅是指社会的限制，还有时间、空间、生命、健康、个体、经验等等的局限。正因为这样一种限制，人们就追求可能，把这种可能写得淋漓尽致，那就是很好的小说。这是我说的第一个意思，就是可能性是个关键词。

第二个意思，就是从小说观念看小说的可能性。这点很有趣，中外对于小说的侧重和理解是不一样的。中国最早出现“小说”是在《庄子》里。《庄子》说，“饰小说以干县令，其于大达亦远矣”。“饰”，就是修饰、修理，也包含了编辑的意思，编一个小说。“县令”，我们现在念“悬令”。“以干县令”，其尽道也，难以哉。这是人家专家的解释，我是个外行，反正我听人家的，鹦鹉学舌。“县”就是古代的“悬”字，我们现在写“县”，实际上是简写了。“悬”是什么意思呢，就是高雅的、高尚的、抽象的、概括的意思，高悬着的。“县令”，不是一个官职，它的意思是主旨、意义、原则、道德。所以“饰小说以干县令”，就是说用这些小言小语想表现、干预这种高高在上的道理，“难以哉”，也很难。

简单地说，中国最早提出“小说”这个词是为了和诗文相对应，是为了和宏文要旨相对应。小说是什么呢？街谈巷议，稗官野史。稗官就是不入流的，“公务员”系列之外的，“临时工”这一类的，但是也算是“代理小组长”，大概属于这个级别的。野史是什么？就是口头传说，加了歪曲的小道消息、手机段子，都上不了大雅之堂的东西，管这个东西叫“小说”。中国古代认为诗文是雅文学，词曲就差一点，小说就更差。因为词曲在文字上还有些很雅的要求，小说最早都是口头上的类似小道消息最多到手机段子这个程度的东西。这种东西不是什么太正经、太大道的消息。

从中国人对小说的理解上，我们可以看到小说的一个特点，就是以小见大，相对来说比较通俗，受群众的喜闻乐见。从汉语的构词上，我们就知道长篇小说、中篇小说、短篇小说、微型小说、小小说，反正都是小说，只是篇幅上一点点缩小。英语不是，英语更注意它们的区别而不注意它们都是小说。长篇就是novel，短篇 short story，中篇我们现在一般用 novelette，可是据英语专家说，novelette 并不是中篇的意思，而是传奇的意思，但是在篇幅上和我们说的中篇往往差不太多，我们就借用这个词，他们并不注意这个区别。

我看过一个英国小说家写的文章，他的文章也有可取之处。他说，如果文学搞分类学的话，与其把短篇小说和长篇小说放到一块儿都算小说，不如把短篇小说和诗放在一块儿，都算相对来说比较短一点的、比较讲机智的那种文学。他的这个观点非常好玩，在短篇小说里头要有类似写诗的那种把握一个片段、把握一个瞬间、追求它的诗意、追求写作的截取能力和表现技巧的一种特点，而长篇完全是另一路。这是一种观点，也不妨作为参考。

那么英语里头有没有能够把小说的特点概括起来的词呢？也有，就是 fiction。fiction 的原义是虚构的、编造的事。如果你在叙述一件事情，我说“This is a fiction”，那我的意思就是你说的全是假的，是编造出来的。但是同时它又指小说。也就是说，对于小说，外国人注意的不是大小的对应，而是虚构与写实的对应。小说是可以虚构的，小说的特点、小说的特长恰恰在于它的虚构性，这是外国人的一个小说观念。

中国人的小说观念，演绎出了一个可能性，就是以小见大的可能性，选择题材的可能性，确立小说主旨的可能性。而每一种可能性又能分裂出互相矛盾着的无数可能性来。以小见大是一种可能性，以大见大呢？谁要是有抬杠这种雅兴的话，文学就是最容易抬杠的一个话题。甭管那个人多么口若悬河，他说什么你就反对什么，你绝对能找到词语。各位放心，只要谈文学，你抬杠绝对比较安全，绝对能够找到你想说的话。

以小见大是很多作品的特点，但是也要以大见大，写一场战争，写一段历史，所谓史诗式的作品。《战争与和平》写的就是拿破仑和库图佐夫之间的战争。曾经有一段，大概是八十年代，我在回忆录里面写过，作协当时有几位领导，特别是《文艺报》的领导，曾经批评说：现在小说的特点是什么呢？就是专写小事，专写小男小女、小猫小狗、小情小爱、小天小地……反正说了一大堆小。说作家都不关心祖国的命运、人类的前途、社会主义的未来、共产主义的理想，而都写小了。我当时就不服，我说："你要批评这几个'小'还不够。"他说："怎么不够？"我说："你得批判'小说'，以后咱们要把'小说'更名为'大说'，叫成'大说五篇'，接着史诗几篇……"这说明，在小说题材的选择上，何者为大，何者为小，有无数的纷争在里头。

要从外国人尤其是英语世界对小说的理解来看，小说的可能性又形成了一个大的悖论，就是真实性和虚构性。我们都很珍视小说的真实性，看到某个地方写的和我们的经验相契合，会感到非常愉快、非常亲切，说这简直就跟写我一样。说某人写恋爱的心情特别令人激动，特别感动人，都是因为它真实。但是小说又是讲虚构的，光真实和虚构这一个问题就够你做一辈子的文章。今天强调真实性，过两天强调本质的真实，然后再强调历史的真实，然后再强调无边的真实，然后再强调肮脏的真实。我看过一些作品，我认为里面就充满了肮脏的真实。

还有一个我老是不明白，我们有时候看完一篇作品批评说，这写得太不真实、太虚假了，虚假得令人作呕，虚假得令人恶心，可是我们看神话和童话反倒没有这种感觉。没有任何人看完《西游记》说这太虚假了，说一个石头里面怎么可能蹦出猴来呢？没有人较这个劲。

也有较这一类劲的，就是非常伟大的、可敬的胡适之先生，他给高阳写信，说《红楼梦》写得不好，贾宝玉生下来嘴里含着玉怎么可能？这个较劲法我……对不起，因为现在胡适也是不能随便批评的，现在胡适的实际威力、行市牛得厉害啊！可是他关于贾宝玉含玉而生是不真实的观点完全是妇产科大夫的观点，妇产医院也找不着这个记录。我跟金庸先生在香港讨论这个问题，他说胆结石有这个可能，可是我说新生婴儿带着胆结石或者肾结石出生的好像不可能，在他妈肚子里头他妈的结石进入新生儿的器官这种可能性非常小。

也就是说，那些最明显的虚构的东西能够和读者达成默契，不被认为是不真实的。而读者最不能接受的是，假装描写的是当代的现实生活，假装描写的就是你身边的事情，但是它不合乎情理，它过度夸张或者它过于遮掩等等。

至于虚构的可能性呢？无边无际。你说怎么样虚构能够成为一篇好的小说呢，谁能回答得上来呢？有时候虚构的可能性让你感觉它用到了极致。比如果戈理写的《鼻子》，他写一个人的鼻子跑了，穿上一个几等文官的服装就变成了某一级的干部，而且架子还挺大，到处威风凛凛。我看着觉得非常过瘾，为什么是一个鼻子跑出来了呢？为什么不是脚指头跑了？为什么不是性器官跑了呢？这个我弄不清楚，这就是虚构。

这种虚构的可能性是双重的：第一层，它表现了作者在创造这种作品的时候的可能性；更深的一层，它表现了他所书写的这些对象，很多时候是他的同时代人或者过往的人他们虚构的可能性。拉美的魔幻现实主义就是后一种虚构的可能性的表现。我们看《百年孤独》，会知道拉美当地的老百姓是非常能虚构的，他们幻想着人与世界、人与人、生与死、动物与动物、植物与植物或者动植物、矿物、静物与人之间的各种稀奇古怪的关系，从中得到无限的创造的灵感。

能不能说真实也有双重性？一个是客观的真实，一个是主观的真实。客观的真实，就是写什么像什么，合乎情理，合乎生活的逻辑，合乎当时当地或者某种职业的特点，一直到遣词造句、对话都栩栩如生，这点许多小说是做得到的。但是还有一种主观的真实，你写的事情虽然是不可能的，但是你充满了真情，你确实是为了表达你的某种感情、某种感慨，为了表达你的爱憎而编出来一部作品。这样虽然在客观上不可能，但是读者不怀疑你的真诚性，他们就能接受。我有时候就用这个方法来说服我自己。为什么童话人们并不认为它不真实，而 ××× 的小说人们就认为它不真实？我觉得原因就在这儿。

比如《海的女儿》，美人鱼不一定是客观的真实，上哪儿找一条美人鱼？上丹麦不行，上北欧其他地方也不行，中国更不行了，若真能找到美人鱼，咱们的小伙子早就找到了。但是这个童话寄托了安徒生那么多的真情，对于善、对于牺牲、对于爱、对于献身、对于灵魂，你看了以后会感动得流下泪来，你怎么会觉得它不真实呢？这种主观的真实，它的真诚、它的真情感动了你。而最怕的是或者为追求时尚，或者为迎合潮流，或者为其他个人的非文学的动机，写一些客观上也不真实、主观上也不真实的东西，就是你自己也不信的东西。

这是我说的第二点，就是从小说的观念上探讨它的可能性。

第三点，从小说的功能上来探讨它的可能性。姑且就按最古老的、最一般的、最没有新意的说法——没关系，我们不是讲这个问题本身——我们谈到文学的功能，尤其是小说的功能的时候，会提出来三点：它的认识功能、教育功能和审美功能。

我们先从认识功能说起。一部小说能提供多少可以认识的知识、对象、材料或者学问呢？这里有各种各样的说法。比如恩格斯说，巴尔扎克的小说给他的经济学知识超过了当时全部的经济学著作。比如列宁说，托尔斯泰的小说是俄国革命的一面镜子，俄国的社会、俄国的革命通过托尔斯泰的小说就掌握了。比如毛泽东说，《红楼梦》是中国封建社会的百科全书。他还说，中国除了地大物博，人口众多，历史悠久，以及在文学上有部《红楼梦》等等以外，很多地方不如人家——原来说的是半部《红楼梦》，后来改成了一部《红楼梦》，当然是经过了老人家同意的，可能觉得说半部会显得寒碜一点。其实一点都不寒碜，半部《红楼梦》就能代表中国文学，代表中国文化，那更了不起。但是说一部《红楼梦》，就说明已经承认了高鹗的续作，这是另外的问题，我不在这儿多说了。

说小说有这种认识作用的，虽然都是革命导师，然而是不无夸张的表述。由于这些作品写得太好了，革命导师服了，但具体结论未必是经得住精确推敲的。我就不信恩格斯那个时期所有的经济学著作还不如一个巴尔扎克小说，这不可能，人家经济学就是研究经济的，问题是经济学著作不好看，巴尔扎克的小说好看。他看得它太好了，简直不知道怎么夸好了，革命导师也是人，看得好了就觉得有你这一部书我就什么都不看了，这个也可以。

我还有些例子。从前苏联有一部小说，叫《我们的夏天》。这是个很偏僻的小说，恐怕现在没有几个人知道。它主要写的是鸟。这部小说发表以后得了一个不是特别重要的奖，但是有一个意外的收获，作者被苏联科学院生物研究所推举为通讯院士，因为他们认为他对鸟的生活的理解已经超过了某些科学家。

有些描写行业生活的小说也极有吸引力，比如说文物鉴定，比如说案件侦破、刑事侦缉，你如果有这方面的知识的话，它就可以成为小说的一个极好的资源。电视剧《暗算》原来也是一部小说，作者叫麦家。他写的是一个特殊行业，而且他确实有这方面知识的积累，这使他的作品增添了不知多少魅力。但这个魅力不完全是行业知识，尽管拍成电视剧要加很多通俗的、有悬念的镜头，它里头也有一种人文的叹息，对人的命运、对某一种工作的命运的嗟叹。他的知识非常丰富，这也是事实。

有一些学者，他们研究小说，从小说里面研究出各种具体的知识。比如说地震，中国哪年发生过地震，没有从历史文献里找到相关资料，但是从民间故事里找到了。民俗更不用说了，婚丧嫁娶的制度、方法，当时的生活方式、生产方式，都可以从小说里头找到。

《红楼梦》的作者确实是通过对封建贵族的生活的方方面面的描写有意炫耀他作为一个富家子弟的身份的。光一个窗帘他写了多少次，讲了多少？一件衣服他得写半天，吃东西他要写半天，看病他要写半天，怎么号脉、药方是什么都给写着——咱们按这个抓药吃两次试试，不知道感觉如何，可能没有人做过。但是他对烹调，尤其是茄子的做法说得非常具体。据说有很多人不止一次地照那个方法做过，但是并不成功。因为小说毕竟是小说，按那个方式做起来太复杂了，先用鸡油炸茄子丁，再用鸡脯肉、香菌、新笋、蘑菇等等炖，反正最后那茄子不知道老天爷还知不知道是什么玩意儿，都起了化学变化了，等吃的时候估计跟豆瓣酱也差不多了。作者太喜欢炫耀他的这些知识了。所以《红楼梦》有一个很大的矛盾，一方面说色即是空，空即是色，但是一写起那些怎么喝酒、怎么喝茶，用的筷子、用的碗、用的酒杯，玩的酒令，穿的服装、戴的帽子，吃的什么莲叶羹、喝的什么汤、吃的什么小点心，怎么看病，看病的时候摆怎么样的谱……让你觉得这个作者真是无限光彩、无限炫耀。

经验是可以炫耀的，尤其一边炫耀它一边否定它，这样写小说最容易获得成功。一方面把它炫耀得让读者觉得慌，一方面你又冷冷地说这一切一文不值，这一切全是泡影，这一切都是假的，这一切是毒药，我恨死它们了。写小说一定要做到自相矛盾。

当然，我们也会看到一些不成功的例子，比如作者在认知方面过分膨胀，而这又绝非他的特长。在一个作品里头忽然大谈文物，忽然大谈文化，忽然大谈克隆科技、纳米科技等最新科技，看得让人烦，这种事情也有。

第二个可能性在它的教育功能上，这事就更麻烦。这里边又牵扯出一个问题，我们平常所说的小学老师就教的主题思想到底是怎么回事？小说是没有思想的吗？这显然不对，因为你可以举出一系列的例子来，都是有思想的。《三国演义》也有思想啊——分久必合，合久必分，提倡忠义，反对倒戈。所以吕布虽然武艺超群、相貌一流，最后还是不得好死，因为他老是变，靠不住。写诸葛亮写关公也体现了它的道德观念。《水浒传》就比较复杂一点，它歌颂这些造反的"土匪"——算不算农民起义有争论，因为有人做了考证，说里面没有几个农民，大部分都不是农民。我不扯这个，一扯这个又麻烦了，又不知掉哪个陷坑里了。鲁迅当然更明显了，他说要拯救我们的民族，要鞭挞国民身上的劣根性，要疗救国民的灵魂。

可是我们也看到另一面，就是有的主题比较含蓄、比较隐讳的作品非常耐人咀嚼，给人一种久久不能忘怀的感觉。比如南京的高晓声，他写了许多作品，写了陈奂生系列，写了农民在政治运动连年不断的时候的生活、改革开放初期的生活，写得都挺有意思的。他有一篇作品我至今不能忘怀，就是《绳子》。他写的就是"土改"时期下去锻炼的青年干部，第二天要对当地的一个恶霸地主开斗争会，而且斗争会要公开宣判对他处以死刑，然后拉出去枪决。枪决已经做好各种准备，就缺一条绳子，起码应该把这个地主的两个手绑上，才能显示出他是罪犯，但是其实不绑他也根本跑不了。到处找不到绳子，忽然发现年轻干部有一根绑行李的绳子，就说，借一根绳子，把它拿来。这年轻干部就不愿意借这根绳子。他也不是立场不稳，他跟那地主没有亲戚关系，他也知道"土改"非进行不可，人是非杀不可的，血是非流不可的。但是他一想到这捆行李的绳子让他们拿去捆一个地主，然后绑赴刑场枪毙，他就不大愿意。而且人家告诉他，送到刑场以后就把你的绳子解下来，不会说一枪打过去把你绳子染红了然后再还给你，不会的，不要害怕，也别受刺激。可他就是觉得别扭。但是他要不交这个绳子呢，就是太落后了，不但落后而且弄不好被怀疑为同情地主阶级、有反革命情绪，所以他把这个绳子交了。最后开斗争会的时候大家光忙着斗地主了忘了用这个绳子，也就是说根本没捆他。这地主三斗两斗就吓瘫在那儿了，不需要捆绑了，无形的捆绑早已把他击溃。毛主席的著作里非常有精神的一句话就是，让反动派在人民面前化为齑粉——这个“齑”字我到现在也不会写，写不好，每次写的时候都查字典——这地主当时已经都化为齑粉了，齑粉怎么拿绳子捆住，捆也捆不住，所以这绳子没用。地主枪毙了，“土改”也过了，绳子又还给了小伙子。小伙子拿了绳子以后很高兴，觉得自己成长了。

高晓声写这个《绳子》到底是什么意思啊？我到现在也不明白，但我觉得他这《绳子》写得好，比那个漏斗户主陈奂生上城——漏斗户，是说吃的问题，因为给他粮食他老是不够，多少粮食都从他嘴里漏出去了，所以叫漏斗户——比那些写得还好一些。《李顺大造屋》比那些写衣食住行各种问题的，起码不差。但这有什么教育意义，或者它的主题思想到底是什么？起码它含蓄，不明确。

我有些东西写得很明确，但是我也有一批写得不明确的作品，我觉得我的那些不明确的作品比那些明确的作品还可以看。比如说《室内乐三章》，是具体的写物质的，其中一章叫《晚霞》，写的是夫妻俩已经结婚很多年了，好像是快到银婚了吧，忽然间想起一件事来。他们结婚的时候买了一个紫色的毛毯，那是他们新房里最讲究最气派的东西。经过几十年的动荡，这个毛毯已经找不着了。而且越找不到就越可爱，就像晚霞一样美丽。后来妻子去世了，有一天晚上他漫无目的地翻动妻子的床铺，忽然发现妻子的褥子底下垫着一块紫色的毛毯。但是这块毛毯不像晚霞也没有诗意，它没有生命也没有魅力，颜色也变成了壁橱里的灰尘的颜色了。这是现实的小说。

还有一个小说是写诗人，叫《诗意》。这里有我的实际经验，真实的经验。我从小就睡荞麦皮枕头，现在睡荞麦皮枕头的已经不是太多了，我已经是属于古老文化传统、农业文化传统了。现在时兴茶叶做的枕头，我有一个这样的枕头，是我金婚的时候人家送给我的，还不是普洱茶是龙井。还有一种比较软的鸭绒枕头，我觉得鸭绒枕头太热了，耳朵烧得慌。还有一种怪枕头——蚕屎枕头，农村喜欢用蚕屎，认为它有清心的作用，可以降低中风的可能性。

我写这个主人公用的是荞麦皮枕头，用的时间太长了，比较肮脏、比较腐朽，连孩子们都嫌弃它，最后就被扔掉了。枕头一扔掉，他忽然得了口吃，说话声音也沙哑起来。后来他到处找荞麦皮枕头，还回了一趟故乡，可是故乡已经不种荞麦了。在寻找荞麦壳的过程中，他回忆起许多事，每天晚上都梦见童年，梦见过往，梦见乡村，梦见大地，梦见自然。于是他写了很多诗，还发表了，以花甲之年成为诗坛新秀，而且他的名字还被列入了一本文学辞典。又过了一些年，他的诗受到了批评。乡下的老人来看他，送来了土布荞麦皮枕芯，还说现在土产受欢迎了，还开了枕芯加工厂。他又重新睡上了荞麦皮枕头。

你说我一定有什么意义吗？怀念农业文明？复古？批判现代人？这都是非常时尚的观点。响应法兰克福学派、马尔库赛、福柯？天知道，我真没有，我也没看那些书。只能说，人生当中确实有许许多多的东西，你一时半会儿还得不出一个结论来，还得不出一个教育别人的信条来，但是它确实包含了能成为一篇小说的条件——它有情节、有趣味、有故事、有人物、有背景。

还有一种小说，它的教育意义、主题思想不止一条，几乎怎么解释都解释得通，最明显的就是《红楼梦》。毛泽东是政治家、革命家，所以他先声夺人，说《红楼梦》是描写阶级斗争的，《红楼梦》一上来就是有多少条人命，说明地主阶级血债累累。说《红楼梦》是贾、王、史、薛四大家族的兴衰史——当时共产党批判国民党有个四大家族蒋、宋、孔、陈，《红楼梦》里也有一个四大家族，这是一种解释。如果曹雪芹有知，肯定会吓一跳。还有的说《红楼梦》是讲色空，是宣扬出世、宣扬超脱，所谓一僧一道，色即是空，空即是色，是封建社会必然灭亡的预言和挽歌，是怀才不遇的自觉自叹，是贾宝玉的忏悔录等等。还有从女权主义的角度说《红楼梦》是替女人说话的书的……多了，怎么解释都行。现在越解释越多，越解释越离奇，批判封建、反封建的、追求个性解放的、表现资本主义萌芽的、反清复明的、刺杀雍正皇帝的、清朝内部宫廷斗争的、研究宇宙史的……说《红楼梦》是研究宇宙史的，好像是广西的一个人提出来的，就是讲宇宙的发生、演变和毁灭。

我们可以想一想，就从它的教育功能、主题思想出发，得有多少种可能。特别明确的教育性小说，比如老李準的《不能走那条路》，它的教育意义非常明确，就是一定要走合作化的路，不能单干，他已经告诉你了：不能走那条路。刘心武的《我爱每一片绿叶》，主题就是小说的题目；《醒来吧，弟弟》也非常明确，也很好。但是也有许许多多的不同的情况，许许多多的选择的可能。

至于审美的可能那就更多了。我们可以在小说里面看到无数的审美价值，先从最简单的趣味说起。小说里头有一种趣味，没有趣味的小说能叫小说吗？它有一种阅读的趣味，所谓赏心悦目，所谓把玩。连邓小平同志都讲过："我有时候也看看小说，我要换换精神啊！"他讲得好，换精神，小说能够换精神。

我在某地参加过和科学家、院士的对谈，我发现一条，这个年代不服不行，这些院士都表示他们也看小说，一举例子全是金庸的小说。这是趣味。趣味里又出现了所谓的低级趣味。什么叫低级趣味？写上一点暴露的东西比如身体的某个部位就低级了？另一个部位就高级了？或者写到什么程度才算高级？写到什么程度就低俗了？还有的就是完全和这种趣味故意对着干的作品，要颠覆阅读，就是我的作品写出来以后要想办法让你读不下去。这种气魄，这种杠头的劲儿真棒！所谓颠覆阅读，老子作品不许看！这在某种意义上也是一种手段，因为人人都有趣味了，每个人长得都跟姜昆差不多，讲话跟侯宝林差不多，一讲典故就变成了郭德纲了，而这回出来一个特别枯燥的、一脑门子官司的、十天笑一次的这样的人，大家就觉得不一样了。

所以文学中的所有命题都有反题存在，有趣味反趣味，有情节反情节，有戏剧化反戏剧化，有故事反故事，有主线反线性……我让你找不着我到底写的是什么，我让你纳闷，有修辞我反修辞。有的作家以词汇多而著称，比如巴尔扎克，人家分析他有几十万的词汇。有的作家以词汇少著称，比如海明威，中国作家可能没人统计过，但是外国作家就说海明威的词汇最少，经常用的就是那么一两万个词，都是最普通的词。这个作家的伟大在于他用最普通的词汇、最普通的字眼儿表达别人没有写过的那种感觉。

你看多了故事性强的作品，就希望看一篇摸不着头脑、看了以后犯傻的作品。过于高雅了也烦人，小说里的人都非常高雅，男女只相爱连眼神都没有，绝对不碰对方的手，更不用说脚了。那么，在这种情况之下，有时候作家在他的作品里头甚至于还要放一些比较俗的东西，要弄一些不登大雅之堂的东西，所谓狗肉包子上不了台面的东西才行。这里面探寻的可能性也是没有尽头的。

这是我讲的第三点，就是从小说的功能看它的可能性。

第四点，从小说的元素看它的可能性。我指的是小说的人物、小说的环境、小说的情节、小说的结构等等。古往今来的小说浩如烟海，似乎各种可能性都用尽了，实际上还远远没有穷尽。

比如说为了刻画一个人物的性格而把这个人物写得非常极端，古往今来这样的小说太多了。英雄们可以盘肠大战，可以钢筋铁骨、不吃不喝，性情急躁时可以抡起两把大斧砍瓜切菜，见一个杀一个，见一个砍一个，血流成河、尸横遍野、头颅满地滚。写赖皮呢，比如写到阿Q那种程度。写“多余人”，比如冈察洛夫写旧俄时期的“多余人”奥勃洛摩夫，先就主人公早晨醒来之后要不要起床写上几十页，都写了几十页了他还躺在床上没动呢！情节进展也太慢了，等到他起来见到一个姑娘再跟她拥抱再上床，要按他的节奏的话，得十年以后了。这个对人物的个性钻研得太厉害了。

又有所谓现代或者后现代的关于人物已经消失的这种理论、说法，所谓不同的人物、不同的性格实际上都在一个平面上的说法。那么这种结构的可能性，是人们更感兴趣的事情，比较古典的小说往往就是所谓有开头、有结尾，而且最好结尾要扣上开头。有许许多多的小说而且是好小说，都是主人公历尽一切艰难最后得到了美满的结果，中国古代的小说绝大部分都是这样，除了《红楼梦》、《金瓶梅》这么几部。狄更斯的全部长篇也都是这样。不只是中国人这样写，大团圆的结局大家都需要。但是现在越弄越乱了，现在是一条线的、两条线的、多条线的、不同视角的都有。其实中国早就有人这样写，外国就更早，都以第一人称叙述，但实际上是四个人、五个人在那儿写，或者来回反复地写，三十年前和三十年后、现在和未来都来回地写，然后让你自个儿阅读完了以后在脑子里面再去排列。或者是告诉你结果不告诉你过程，让你推测那个过程。还有告诉你几个过程的，有人认为是这样，有人认为是那样。这也是一种趣味，也是一种智力的操练，也是一种对世事无常，对人世的可能性、人情的无穷无尽的感慨。

环境有非常具体、非常明确的，巴尔扎克的小说往往都是“1784 年几月几日、在巴黎什么什么街什么地方”这么明确地把时间和地点告诉你。也有你看完了也不知道整个故事是发生在乌有之乡、莫须有之地，还是古往今来的某时某刻的。情节和故事我讲了，有注意情节有不要情节的，这也是我想和大家探讨的一个问题。这是第四点。

第五点，从小说的取材方面来看小说的可能性。拿中国来说，最早的小说主要有两个来源，一个是历史故事，而且往往是先取材于口头的传说。所以中国所谓的演义体的小说特别多，最有名的当然是《三国演义》。实际上类似的演义太多了，首先是《两汉演义》，就是楚汉相争的故事，还有《说岳全传》等，这里头都有许多小说的因子。它不是正史，但这些东西深入人心，它造成了你的思维的定式，以至于你不愿意接受正史。

我早就看过一些文章说《三国演义》和正史是不一致的，比如“诸葛亮气死周瑜”，没有这么回事，而且周瑜的年龄比诸葛亮还大，按历史上的考证，周瑜是大哥诸葛亮是兄弟。但可能我们不仅接受了小说，还接受了京剧，我们看的周瑜是小生，说话半男不女，阴阳嗓子，戴着顶花翎，两个犄角，而诸葛亮老谋深算、老奸巨猾，玩弄周瑜于股掌之上。反正我看到那些材料以后就觉得特别扫兴，因为我原来看《三国演义》看得津津有味，听京剧也听得津津有味，最后一考证说没那么回事，而且整个儿是反过来的，就觉得特别没劲。

取材于历史故事的特别多，要往更早的时候说我更怀疑，当然我不是这方面的学者，我没有这方面考证的功夫，但是我觉得连《左传》尤其是《史记》里面都有小说的因素，它太完整、太夸张了。《左传》里头的故事是真感人，太感人了就显得不真实。我们都知道，真实是杂糅的一种东西，比如好的、坏的、平庸的、有道理的、没有道理的、碰巧的、一脑门子撞上的、事后也不知道怎么回事的，这样的事情太多，可是到了《左传》却都那么鲜明。《左传》里记载了一件事：齐国的大夫崔杼杀了他的国君齐庄公，太史记载：崔杼杀了他的国君。崔杼就杀死了太史。太史的弟弟接着这样写，崔杼又杀死了太史的弟弟。太史还有一个弟弟，又这样写，崔杼就没再杀了。这个故事非常感人，但是这个过程能这么戏剧化吗？请大家帮我分析，是不是这反映了我这人胆子小啊，我一看人要被砍脑袋就一声也不吭了，我没有他们的勇气。

说师旷为了音乐，用针把眼睛扎瞎了，这样好集中力量搞音乐，这个故事也感人至深，我觉得也像小说，说不定他是白内障的可能性更大。为什么现代的小说浪漫主义、英雄主义的色彩淡了？因为现在的人太精了。

《史记》里面写"张良学艺"，说有个老人故意把自己的鞋扔到桥下让张良捡，张良捡起来给他，他又让张良给他穿上，张良又给他穿上。老人很满意，临走的时候说："五天后的早上在这里相会吧。"五天后，张良早早就去了，但老人已经等在桥头了，他斥责张良说："怎么这么晚才来！五天后再来！"五天后，张良鸡鸣时分就去了，还是人家老师先到，又把他轰走了。第三次，张良不到半夜就去了，站了一会儿老师来了："嗯，这才像个学习的样子，跟我来吧！"这都太小说化了，比小说还小说。"鸿门宴"也是如此。

中国古代文、史和小说是不大分家的，我总觉得它们有小说的因素。这是取材于历史故事，也有各种加以渲染的可能。

还有一种是取材于民间文学的，就是口头传说和民间故事，比如《唐宋传奇》里很多东西就是这样。我们今天的小说有大量是取材于个人经历的，有一位老作家跟我说过，他写的一切都是他自己的经历。他说："我没有经历过的事情我写不了，我写得也不放心。虽然我里面用的名字是假的。"个人的经历显然是每一个人写作的极其宝贵的资源，但是也确实有人专写自己没经历过的东西的。苏童的一大批作品都是这样，尤其是他写《妻妾成群》的时候，他连媳妇都没娶呢！现在当然老婆孩子都有了。一般说我们提倡应该有更多的生活经验这绝对是对的，深入生活，深入人民群众的火热的斗争，当然都是对的，但是取材于自己的幻想、取材于自己虚构的故事确实也有，我们不能不承认。

最后，从风格看小说的可能性。风格如人，有多少个人就有多少种风格，但是同样的风格，我们也可以从一些比较简单的方面来把握。风格不简单，但是你要谈一个问题就必须把它简单化，这是为谈话而做出的牺牲。

风格可以从强调主观与强调客观的不同这个角度来看。有的风格更强调的是客观，作者基本上是隐藏的，但是他在那儿刻画世态人情，刻画音容笑貌，刻画荣辱浮沉。比如说王安忆的作品就很难找出王安忆来，但是铁凝的作品就常让人感觉到作品里头有一个铁凝，我说有一个铁凝不是说哪一个人物就是铁凝，不见得，但是你就觉得铁凝活在她的作品里头。

强调客观的作品就有精雕细刻的可能性，有非常准确的描绘的可能性。当年我们都曾受苏联文学、俄罗斯文学的影响，我记得有一部电影曾经在五十年代风靡一时，叫作《托尔斯泰的手稿》。它讲托尔斯泰怎么描写聂赫留朵夫公爵看到当时已经更名为玛斯洛娃的喀秋莎沦落以后被诬告杀人的情景。很像《窦娥冤》和《苏三起解》，原来一个纯洁少女，被生活逼迫走上了、陷入了沦落的境地，然后又被诬蔑杀了人。这也很有意思，中国、外国都有这种故事。那个玛斯洛娃就是原来的喀秋莎，她的形象托尔斯泰几易其稿，每易一次稿就由苏联的画家画一幅肖像，按照这个稿子是这个像，按照那个稿子是那个像——有点像咱们警察根据当事人的叙述画的肖像——七易八易其稿，这是一种精雕细琢的要求。

也有的不强调精雕细刻，更多是强调主观，表达主观的一种激情，说你好就尽量往你好里说，说你坏就尽量往你坏里说。比如说雨果，在雨果的《悲惨世界》里，冉阿让本来是一个小小的犯人，其实也就是盗窃犯，他受了主教的感动，就像受了天使的感动一样，他在一个晚上完全换成了另外一个人，变成了一个圣徒，变成了耶稣的使者。然后，雨果通过他的善良、高尚的心，来反衬这个社会的罪恶和可悲。他的情绪非常强烈，表现在小说里头就是大量的旁白——作者只要是急了就跳出来，在小说里头干脆就自己说话，该骂的骂、该夸的夸、该哭的哭、该叫的叫、该闹的闹，在小说里淋漓尽致地发挥出来。再发展到在小说里头发议论：托尔斯泰是注重精雕细刻的，但是《战争与和平》快结束的时候干脆变成论文了,《复活》快结束的时候干脆变成了《圣经》的学习笔记了，一边读《圣经》一边忏悔，一边在那儿回想人生、社会的种种问题，变成一种学习心得了。

我刚从捷克回来不久，昆德拉在中国的影响也非常大。有人说昆德拉的作品最善于取巧，“取巧”这个词带有贬义，我现在想找一个中性的词，把“取”去掉变成“巧”，就是说昆德拉的作品很巧。巧在哪儿呢？第一，在于夹叙夹议，他的那些情节和议论，只要有议论就有情节，只要有情节就有议论。第二，他一会儿能这么说，一会儿又那么说；一会儿议论这一面，一会儿议论那一面；一会儿讽刺东欧政权的共产党，一会儿又讽刺所谓的民主派别和西方的一些异议分子。他什么都讽刺，什么都嘲笑，这么说一下，再那么说一下，堪称“摇曳多姿”，看完了一头雾水，但这也许就是他的魅力所在。捷克有几个作家对我说，昆德拉在捷克的影响没有在中国大。我也不知道是不是真的，也许捷克也同行是冤家吧，与其歌颂同行不如歌颂自己。中国的碍不着，昆德拉跟咱们也联系不上，他现在又在巴黎，改用法语写作了。

这种主观色彩特别的夸张的极致的表现，甚至干脆把小说和抒情散文混起来，有时候作家是忍不住的呀。在写小说当中你有那么多话想说、要倾吐，忍不住一吐为快，我就有这个感觉。但是我个人感觉有时候少吐一点更好，我虽然这么说，但是我并没有做到，因为我写着写着就要一吐为快。这是客观与主观。

第二是高雅和从俗。我说的是“从俗”，因为光说“通俗”有点把它和高雅对立起来，从俗有可能是所谓的大雅而若俗。“大雅若俗”是什么意思呢？就是当你的胸怀、你的精神资源、你的学识经验、你对文学对小说创作的掌握程度已经有了十足信心的时候，你根本不需要在作品中做一种悲天悯人的、高高在上的、俯瞰众生的姿态。

有些作品里头有大量的生僻的内容，生僻的有可能是非常好的作品。当然到现在也有争论，说詹姆斯·乔伊斯的《尤利西斯》到底是一部什么作品。《尤利西斯》现在名声是越来越大、越来越响，可是它发表的时候被骂得一塌糊涂，说它伤风败俗云云。我去爱尔兰都柏林，詹姆斯·乔伊斯的故居文学馆在卖一种文化衫，上面写着：“对付这个世界我有三种办法：silence，exile，canny。”silence，就是沉默；exile，就是自我放逐；canny 是什么意思呢？可以翻译成智谋，也可以翻译成小心翼翼，最坏的情况下也可以翻译成要点花招。他说对这个世界一个是沉默，一个逃避，一个是小心翼翼地对付。全世界文人的共通性令人惊异。我一看詹姆斯·乔伊斯，还以为他读过老庄的哲学呢，怎么会研究出这三条来？他很冷僻。

八九十年代初期吧，中国一下子出了两个版本的《尤利西斯》，而且两个加在一块儿总发行量有三五十万册，但是我非常怀疑有几个人认真读完了。我压根儿没读完，但是我有这本书。《追忆似水年华》，我一看真好，再看下去七大本，确实把我给吓住了，我想我都七十多岁的人了受这个罪干吗呀。他可以写得很冷僻，写得很精致。

有的人写得非常精致，契诃夫的有些作品写得非常精致，屠格涅夫的长篇写得非常精致，梅里美的作品写得非常精致，美国的约翰·契弗很多作品都写得非常精致。精致就是最好的风格吗？也有的恰恰不是以精致而是以粗糙、以囫囵成就了他的风格，我说的就是陀思妥耶夫斯基。

陀思妥耶夫斯基是一个爱赌的人，他喜欢轮盘赌。我读过陀思妥耶夫斯基的夫人的回忆录，他的夫人是他的速记员。他跟出版商订了一个合同，大概六个月的时间，要交一部新的长篇小说，然后出版商给他一笔钱，用于偿还他兄长生前的债务。如果到期他不交这个小说，他可能被判入狱，可能被送到西伯利亚去做苦力。这个时候他雇了一个速记员来，然后开始讲他的小说，他讲他的小说的时候真跟电影里的疯子一样，抓着自己的头发从屋子的这个角走到那个角，又拍桌子又喊又哭又嚷这样讲一天，夜里接着又讲。我注意到一个形式上的问题，我觉得陀思妥耶夫斯基绝了：他的作品是不分段的，他能一连二十四五页不分段，他分不出来。分段分得最多的是我国台湾的作品，恨不得一句话一段；还有一个是朝鲜，金日成的讲话稿每一句话就是一段，每一个句号就是一段。台湾地区主要是为稿费方便，我现在也注意分段，分段少了字数算得少。陀思妥耶夫斯基不考虑稿费，“唰唰”几下就一气呵成连起来了，这是他的第一个特征。第二个，他被沙皇陪绑过，上过刑场。第三，他有羊痫风，就是我们平常所说的癫痫。这几个加起来，他就是怎么让你难受怎么写，真是对人的折磨，但是他真是天才。

因为苏联时期高尔基批判过陀思妥耶夫斯基，所以那个时候对陀思妥耶夫斯基是贬低的。但也不尽然，我们看过的电影什么《白夜》、《白痴》都是苏联时期的，但好像是斯大林以后演出的。苏联解体以后，莫斯科出现了第一座陀思妥耶夫斯基的雕像，我从那儿过的时候看到那个雕像几乎流下了眼泪。有两个作家的雕像让我最感动。一个是形势变化后出现的第一座陀思妥耶夫斯基的雕像，一个是在都柏林的王尔德公园的王尔德雕像。王尔德因为同性恋问题被判处了两年徒刑，被判徒刑以后就到法国去了，最后郁郁而终。但是当时王尔德是全英国最酷最帅的男人，他不但是文学大师，而且他留什么头发人家就留什么头发，他穿什么衣服人家就穿什么衣服，你现在看到他的雕像也会迷上他，他的雕像充满着天才、智慧、风流，你不服不行的。我说远了。

这种风格不同我们还可以举很多，就是说风格上是没有定论的。你要真是陀思妥耶夫斯基，你怎么写都行，怎么写都对。可是话又说回来，咱们常常有一个悲剧，你自己写不好但你又觉得自己是陀思妥耶夫斯基，谁的话都不听，这种悲剧在艺术是永远无法解决的。

我讲小说的可能性，一个中心意思就是希望我们的小说写作、出版和阅读有利于扩充我们的精神空间。我们的精神空间不要被自己限制住了，环境的限制是一种，自己的自迷自恋、自己的少见多怪、自己的抱残守缺也都会限制住我们自己。

小说的可能性实际上就包含了人生的可能性，包含了精神世界的可能性，包含了精神现象的可能性。在这个意义上说，小说永远是实验性的。我不赞成分成实验小说和非实验小说，创造就是一种实验，任何一篇新的小说不但对于文学带有某种哪怕是最微小的挑战意味，对于个人也有一种挑战意味，就是看能不能用这种方法、用这个题材、用这种风格，贡献给读者一篇新的作品。

2012 年 4 月

谈汉语写作与当代文学

“汉语写作与当代文学”，实际上是要讨论一个文学语言的资源问题。谈到文学资源问题，我想谈五方面：一是古文与古典的诗词。古文主要指文言文。文言文在“五四”时期曾经受到很猛烈的冲击，主要是因为长期以来它和活的口语脱节了，分离了。它丧失了活的语言的源泉以后，就变得陈陈相因，变得甚至显得老朽。可是今天我们重新拿起古代这些文章来看，仍然觉得它们有它们的特点，有它们的趣味。

譬如说，古代某些文章的观点也许令人觉得经不住推敲，但是读起来仍然让人相信他们写得精纯宏博，微言大义，高屋建瓴，势如破竹。文章写得很有劲儿！很有神！过去还讲很有气势！古人侃侃而谈，硬是把既缺少实证又没有经过严密逻辑推理的观点讲得头头是道、雍容华贵，文章的论点，用现代逻辑或是实证的方法，实际上经不住推敲，但是它讲得很漂亮。比如说“大学之道，在明明德，在亲民，在止于至善……欲明明德于天下者，先治其国；欲治其国者，先齐其家；欲齐其家者，先修其身；欲修其身者，先正其心……”相声里管这个叫“贯口”。一下就从“治国齐家”到“正心诚意格物致知”说下来了，气特别足，特别长。像帕瓦罗蒂独唱一样一下就上去了，它有一种很好的审美价值。

譬如《老子》，光为解释《老子》人们可以争得头破血流，但是你要不看别人解释，自己看原著，来回地背诵，你也会觉得它简直就是绝了。“道可道，非常道；名可名，非常名”，“无名天地之始，有名万物之母”。我最喜欢老子的一句话：“治大国若烹小鲜”。“烹小鲜”是什么呢？天津话叫“熬小鱼”。“治大国”为什么如“熬小鱼”呢？你分析不清楚，不能告诉你，为什么呢？“天机不可泄露”。但是这句话一说，你就觉得语出惊人、举重若轻、气概非凡、胸有成竹、神机妙算、深不见底。老子写上这句话的时候，一定是哈哈大笑，面有得色。多少学问悟性，多少阅历思考，尽在其中。

我小时候背《孝经》，古往今来没有人认为它是好文章，但是现在你来看，也会觉得它挺绝。它用最生活、最浅近的语言来解说（当然它是一厢情愿地解说）重大的命题。什么叫“孝”呢？“始于事亲”，“事”就是侍奉、服务，先给自己的双亲、爹娘服务。我不知道这个考据里是不是还包括更上一辈，当然也可以包括了。“中于事君”，现时要很好地给父母服务，发展下去就是要用对待父母的态度来对待领导，对待老板，对待国君。所以“始于事亲，中于事君，终于立身”，这样的话，你才能站立住，才能实现自我。把一个很本能的对父母的孝敬，一下上纲到人生观、价值观的层面上来。这是一种递进的修辞手段，古已有之的无限上纲的魅力与魄力。这里的无限上纲不带贬义，我是作为文章作法来看的，不是说“文革”时候的无限上纲。它合辙押韵，尤其兴奋昂扬。

有时候你看古文，有一种大补的感觉，就好像吃了人参、鹿茸、复合维生素的感觉。这里头有汉语、汉字的伟大贡献，汉语特别是汉字，讲究审美，讲究联想，讲究灵性和神性。所以《史记》上记载，仓颉造字“天雨粟，鬼夜哭”，天上下小米，鬼夜里都哭。为什么？中国人创造了汉字，太伟大了，太神奇了！再没有这样的字，提供的信息量这么多，兼有神、声、形、义，你一看字，它就给你一种暗示、一种理解，对你有一种吸引力。这种信息量是拼音文字所不能望其项背的。

汉语是字本位的。关键是要看这个字，不然光是别人给你念一遍，你理解不了。不但要看这个字，还要背诵。为什么背诵呢？汉字是一个一定程度上和口语脱离了的、高高在上的语言系统。如果你平常用文言文说话，你自己都会觉得非常可笑。就像《镜花缘》里描写的，到了一个君子国，大家说话都是“之乎者也”：“酒要一壶乎？茶要一杯乎？”你觉得非常可笑，它拔上来了，脱离了口语，缺少了最生动的来源，这是一个缺憾。

但是脱离了口语，又带来了许多好处。第一，它摆脱了方言，否则山东话是一种音，广东话是一种音，那差别比德国话、比利时话、瑞典话、挪威话还大。还有一个，汉字比较难学，它又特别精练，特别富有审美气息，写起来又非常费劲，古代的文章还是在竹简上刻出来的，所以，给写文章的人一种很了不起的自我感觉。古代那些写文章的人，不管他混得怎么差，怎么穷酸，他还在自荐，用现在的话来说，还在求职。他写起文章来，自我感觉仍然很好，就像曹丕说的，“经国之大业，不朽之盛事”。所以我老想，蒋介石先生的儿子蒋经国先生，这个“经国”两字还是从曹丕的《典论·论文》里来的，它有一种大气。

蔡伦造纸，蒙恬发明毛笔。写起字来明窗净几，焚香沐浴，书童研墨，红袖添香。在一种极其美好的状态下写文章，文章写得手舞足蹈，吟之咏之，摇头摆尾，得意扬扬。特别是汉语还有这种对仗，有这种骈体文，讲究辞藻，有时候辞藻在形式上能达到极致。比如说，很多人都会背的王勃的《滕王阁序》，在辞藻和形式上就达到了极致：“襟三江而带五湖，控蛮荆而引瓯越。物华天宝，龙光射牛斗之墟；人杰地灵，徐孺下陈蕃之榻。雄州雾列，俊采星驰……”你觉得他把好话都说尽了，把气概都用尽了。

这些东西确实存在着“五四”时期所提出来的问题，因为社会总是从一个金字塔型向网络型过渡，也就是一种民主化的过渡。越来越多的人脱离了文盲的苦境，越来越多的人的精神力量、文化力量得到了解放，所以现在写文章已经不是少数文人学士摇头摆尾、吟咏诵赞、一唱三叹的专利了。相反，工人、农民、打工仔、打工妹、下岗的、上岗的、养老院的都可以写作，甚至现在还有超低龄写作，文化高的、文化低的，还有不大认识字的也能写出长篇小说。

这种文化的民主化、文学的民主化、语言文字的民主化好不好？好，当然好。你怎么能够把写作当作少数人的特权呢？但是任何一种民主化都有代价，这个代价就是少数人在写作时的那种优雅、那种精致、那种满足、那种得意，受到了冲击。老子《道德经》有什么了不起，写来写去不就是几千字？现在一个十六岁的孩子，如果找人帮忙，再包装包装，自己又有点灵气的话，也许两年时间能写三十万字。所以，有时候历史会跟人开玩笑，民主化对文化来说，有时候会带进来一些粗糙，带进来一些粗鄙，会减少那种精英的、精神贵族的自我欣赏。在市场经济和民主化、大众化写作解放了大量精神能力的同时，也会让人感觉到现在是众说纷纭、众声喧哗、黄钟喑哑、瓦釜轰鸣、鄙俗造势、平庸起哄，加上网络文学、传媒文学、商业炒作、广告营销、市场导向、权力操控，还有海外强势文化，包括凭空获得磁力场……如此这般，如今这个年月到底好文章在哪里？到底公众知道不知道什么是好文章？尤其是还有没有公认的好文章？

中国古代这些杰作，是我们的一份遗产，丢掉这份遗产非常可惜，原样不动地拿起来当然也不行。当然，古代的文学语言并不仅仅表现在我说的那些经典文章里边，尤其还表现在诗词里。中国古典诗词创作，和现在的知识产权讲的是不一致的，人们不是把它看成一种专门的工作，尤其不是职业性的，而是一种风雅、一种高尚、一种自遣，也是一种交际，所谓“一唱一和”。为什么中国古典诗词到后来到了“无一字无出处，无一字无来历”的地步呢？搞得很难创新，非常限制人的思想呢？就因为古典诗词本身像一棵大树，是我们民族传统文学的一棵大树，而每个人写的都是这棵大树上的一个树叶、一个小芽、一个骨朵，或者是树皮上长出的一个疙瘩。写出的东西必须和这棵树相匹配，起码能被兼容，所以，必须大量熟读中国的古典诗歌，然后才可以写诗。

现在喜欢古典诗的人非常多，领导干部从工作岗位上退下来，还有一些原来写新诗写小说的，都改写古典诗歌。有的写得很好，有的让你看着实在难受，因为它不匹配，不兼容，出来的是乱码，不伦不类。

这是我顺便谈到的对古典诗歌的看法。总之，古诗文是很重要的文学语言的资源。

第二个资源是古典的白话小说。这些小说大不一样。中国自古以来对诗歌和散文看的是比较高的，而小说和戏曲看的是比较低的，比较世俗的。古代的白话小说和字本位脱离口语的情况是完全不一样的，而是非常口语化的。不管是《金瓶梅》还是《红楼梦》都是非常口语化的，而且由字本位向音本位过渡。

《红楼梦》里常常有这种情况，在某一章里说了一些口语，仅在这一章里就变了几次，先用这两个字，过了一会儿又换了另外两个字。小时候家里人常说的许多口语,《红楼梦》里都能找到。这样一些语言让我们非常佩服，实在是非常杰出。《金瓶梅》也非常口语化，和当时市民说的话几乎一样，向老百姓的语言靠拢，向口语靠拢。它非常注重语音，并不注重字，但一旦写出字，也会给你很多联想，因为它毕竟是汉字。

古代白话小说也有半文半白的，比如《三国演义》，介于书面语和口语之间。还有些基本是文言，比如《聊斋》，把文言文的精练、精确、潇洒、细腻与通俗性联系到一起。《史记》虽然比较远一点，但也比先秦的容易接受。

这第二个资源有很多是我们至今无法逾越的，特别是这三本书：一个是《金瓶梅》，口语实在写得好；一个是《红楼梦》；一个是《儿女英雄传》。

第三个资源是翻译作品的语言。“五四”新文学运动、新文化运动，使大量的翻译作品开始进入。只要翻译成中文了，就是汉语写作的一个资源。中国古代外来词汇也很多，不过我们不大知道就是了。我在新疆待过很长时间，新疆的一些朋友告诉我：菠菜在古代叫“菠薐菜”，来自尼泊尔。香菜还有一个名称叫“芫荽”，“芫”、“荽”是专门造的两个字，没有别的意思，这两个字别的地方没得讲，单独一个组合，它是古波斯语的音译。

晚清以后，有林琴南式的翻译，后来慢慢有了白话文的翻译。翻译的文字实际上对中国的影响非常之大，这些翻译的文字有很大的好处。古代白话小说缺少那些比较细腻的诗意的抒情的东西，很多是市民的语言，也缺少很细微的描写，尤其是风景的描写，也缺少一些比较高雅的而又带有哲理性的东西。这些正好是外国文学作品的长项，写心理、写风景、写一种对生活的思索。

我想，写风景和西方的油画传统有关，更注重形似，而我们画风景主要为了抒发心中的感受。外国的绘画讲究写生，讲究透视，还有几何学上的许多观念，远中近，比较细。其实中国也很注重这些，中国文学有时也很几何化，比如“大漠孤烟直，长河落日圆”，“窗含西岭千秋雪，门泊东吴万里船”，也有一种几何美，但毕竟不像翻译出来的作品那么细腻，在描写景物、描绘静物、描绘房间、描绘道具上那么仔细。这个对我们有很大启发。在描绘心理上，他们很注重人的幻想、感受、梦想、渴望、失望、焦虑，我想这和西方心理学有关系，尤其和弗洛伊德心理学的发展有关系，有许多变态、幻视、幻听、强迫等精神病学里的概念。

我们经常嘲笑西方的文学作品，比如，中国文学作品描写把一个茶杯从那边拿到这边，六个字就可以写完，“把茶杯放到这”就完了。可是如果让西方作家来描写他的心理活动，可能写了十五页茶杯还没摸着呢！俄罗斯文学里“多余人”的形象就是这样。但他确实比较关心人的内心生活，描写里仍然有很多感人的细腻的地方。这也给我们一个启示：一个人可以关注一下自己的内心生活，你的感觉你的情绪你的梦。再有那种哲理式的思索，和西方从苏格拉底、柏拉图的时候就喜欢在谈话中谈论这些事有关。

西方的语言极大地影响了我们的白话文，这是一个事实。西方比较讲究名词的格，这个名词在这个句子中是主语还是宾语。白话文里经常要用很多的“的”字，“在一个美丽的秋天的半阴不晴的阳光的照耀下，从远方来的头发斑白的拄着拐棍的缓缓地走过来的人……”文言文从来没有“的”字。“人夫”就完了，都不用“人之夫”。按我们的语言，动词没有主动态和被动态，有时不需加说明，自己理解就可以。有了西方翻译文学，我们常常喜欢强调“被……”。比如，“我来到这里被招待得非常好”，其实“被”字完全可以省略。另外，在表达方式上，在语法上，在一些介词、连词上，翻译作品语言都给了我们很大影响。而且，我们现在习惯用的一些词，有些都是从国外来的，很多新的科技名词、政治名词，过去古书上没有。有一部分中国作家不看古文，也不看古代白话小说，就是从外国翻译作品中学语言。但若只认这门，而排斥中国古文、古诗、古代白话小说，就好比是只用一条腿走路，本来喜欢文学的人应该是五条腿走路。

第四个资源是“五四”时期形成的“五四”新文学的语言。

“五四”一些新文学作家既继承了中国古代的语言，也从外国翻译过来的作品中学习到了大量的东西。虽然他们受到了嘲笑，他们的白话文被认为是“引车卖浆”之流所用的语言，但实际上他们也尽量寻求了相对高雅的语言。所以，我们看“五四”时期的作家，有一批使用的应该是还算优美但又不完全站得稳的语言。

我小时候读朱自清的散文《匆匆》：“燕子去了，有再来的时候；杨柳枯了，有再青的时候；桃花谢了，有再开的时候。但是，聪明的，你告诉我，我们的日子为什么一去不复返呢？……”光最后那句“你聪明的”就让我如痴如醉，很温馨啊！有一种被文字融化了的感觉。但是也有一些不是让人喜爱的词。老舍先生最反对、最不喜欢的就是“潺潺的流水”，他就死活不明白什么叫“潺潺”。实际上这是个象声词，但是听水的声音实在不像“潺潺”，“哗哗”比较大，“潺潺”比较缓慢，比较小。但是我后来接受了“潺潺”，我听不出“潺潺”，但我也不排斥“潺潺”。我觉得“潺潺”的字形，下面三个“子”有点像水流的小细波纹。我是通过自己的很稀奇古怪的想法接受了“潺潺”，但是老舍不接受“潺潺”。

还有一些更古的词，“五四”时期的人喜欢用，现在的人也喜欢用，这个都不足为奇。有时一种语言引起某些人的偏爱，有时候又引起某些人的偏见。

所以，“五四”时期又形成了一种特殊的语言，这些语言都非常漂亮。像“五四”时期的刘大白、朱自清、许地山……我特别喜欢许地山的文章，也愿意背诵，背诵的时候也有一种背诵古文的感觉。那时确实出现了这种美文。

第五个资源是当代的人们的活语言。

这种语言里，第一我要讲的是农民的语言。在延安文艺座谈会以后，有一段时间，在客观上，在事实上，农民的语言一下子大行其道，被提到一个非常高的位置。以赵树理的作品为代表，赵树理缩小了文学语言和农民口语的距离，基本上是零距离。看赵树理的作品就跟听山西农民说话一样。新中国成立前我就读赵树理的作品，读他的书真是太震动了，敢情还可以这么写作品！那种质朴亲切，那种诚实忠厚，那种泥土气息，简直是太感动人了。再比如周立波的《暴风骤雨》里的东北话，《山乡巨变》里的湖南话，不过周立波已经不是那么口语化了，他已经是比较文的了，但是他用的那些语言都非常美。《山乡巨变》把女孩叫“细妹”，“细”本身也给你一种很好的感觉，小，还有一种不需减肥的美好感觉。

“五四”新文学运动里还有一些人是学生腔，毛泽东在《反对党八股》里反对“学生腔”，这和他在革命根据地要向广大人民普及革命宣传有关。如果用刘大白、朱自清的语言，甚至用郭沫若的语言对农民进行宣传，那是很困难的，有距离，有障碍。所以那时提倡大家都去下乡，都去学农民的语言，都去用农民的口语来写作。这也给我们的作品带来了新的气息——乡土的气息。

其二，我就要讲各地的方言。这种对于语言的、对于群众活的口语的回归，产生了一个很大的悖论，就是越是活的口语，里头方言越多。但是国家有一个政策，推广普通话。叶圣陶晚年做过一件非常认真但实际上是不必要的工作，他把自己作品（比如《倪焕之》、《稻草人》）里写得不符合普通话规范的那些词全都改了，改成普通话了。老舍也发过牢骚，在我们最提倡普通话的时候，他写的一篇文章提道：他写"把钢笔什么的都带上"，编辑就认为"什么的"不符合普通话的规范，给它改成"把钢笔之类的都带上"。老舍说，"之类的"最多是文具，但"钢笔什么的"也可包括牙刷。

方言里实际上有一些非常生动的说法。有些话现在也已经被引用了，所以被引用，有些是因为毛泽东，如他说的"知识里手"，其实是湖南话，他晚年还提出"过硬本领"，说是四川话。还有些话被接受、被改造了，比如"煞有介事"，南方人说只能是"像煞有介事"，但是现在大家写文章都是"煞有介事"。我们现在对待方言的态度要比解放初期好得多，开始感觉到方言也是一种文化。比如很多地方的曲艺是不能离开方言的，评弹用普通话就唱不出那个味道来，广东的粤剧也不能改。

方言实际是我们的一个宝库，但要用得太生僻了，又会排斥一些读者。在这方面，北方人尤其是北京人占了很大便宜。从老舍一直到王朔之类的所有的京味作家，都大量用北京的土话，不管多么土的说法，连骂人的说法、胡同里的说法都往上用，而且很快就会被推广，因为普通话是以北京话为基础的。

其三，时尚语言。时尚语言层出不穷，而且不断变化。北京人形容一个东西“好”的说法就不断在变。我小时候都说“棒”，这是受了八国联军的影响，德语和法语都有类似的音。现在北京人很少有说“棒”的了，台湾还有些人说——台湾有些老北京人，因为和北京分开几十年了，所以成了台湾北京人、台湾京片子，他们才这么说。

现在引领时尚语言新潮流的是少年儿童，他们说“帅”、“范儿”。在1980年前后，说“盖”、“盖帽儿”。当时北京的中学出了一道作文题：游八达岭的感想。有学生就写：“长城啊，真他妈的盖啊！”后来还说“狂”、“潮”，合乎潮流，“真潮”！近两年说“酷”，“酷毙了”、“帅呆了”，可能还要变化。

“说话”在我上小学的时候是“聊”，然后说“唠嗑”、“言传”。后来就喜欢说“抡”，“海抡”就是指说话很夸张，不太靠得住。后来又叫“砍大山”，由“海抡”变成“砍大山”——现在的人写“砍”都写成“侃”，我始终认为这样写绝对是错误的。因为“抡”是一个手的动作，“砍”是什么意思？说起话来像一斧子下去了，你不知道这一斧子砍到什么地方，它指的是这个意思。

我说的这些实际已经很落伍了。刚才我很不好意思地在这里用的那个国骂“他妈的”，在网上已经没有人用了，都用

“TMD”。这种时尚的语言，有的时候冒得相当厉害，有的时候是通过商业广告流传。

有些人非常追求这种时尚的语言，而且这种时尚的语言总能吸引许多读者，我用时尚的话说就是：“吸引很多眼球”。但是这些语言也有很多根本的弱点。第一个弱点就是它来得快去得也快。时尚总是不断变化的，如果现在你以为说某个词很时尚，也许过两天就不说了。第二呢，时尚总是使人特别是年轻人趋之若鹜，因为他没有独创性，大家都用一个怪词，到处全是这个词。但是呢，我也并不认为要把这些时尚的语言统统清除，除恶务尽，彻底扫除，我觉得没有必要。

当然，还有其他的各种影响，比如说某一个伟人、某一个大家的语言也会有很深的影响。我年轻的时候就有这个体会，如果我连续两个星期每天读的都是鲁迅的作品，等我一写出文章来就会发现，怎么忽然带上鲁迅的味儿了？他的语言比较凝练，比较沉重，比较悲伤，比较忧郁，它有一种分量，一种往下沉的分量。前些时候有很多人研究毛泽东的文体，他的影响就更大了，我们有时候不知不觉地都会受他的影响。就连攻击毛泽东、反对毛泽东的那些人，后来我一看他们的文章，那种反驳别人的口气，那种嘲笑别人的口气，都是从毛泽东那里学来的，不是从《敦促杜聿明等投降书》就是从《将革命进行到底》那些文章上学来的。这些重要人士的语言、文风会影响许多许多人。

在这种文学语言资源的问题上，我们也有过很多教训。其中最大的教训，就是人为地只肯定一种资源而排斥另外的资源，它会造成很大的损失。譬如说，如果我们把文言文彻底看成是老朽的，是限制人的，那一下子就和我们中国几千年的文明都脱节了。如果我们把口语说成是“引车卖浆”的，是低下的，是低俗的，那里面确实也有低俗的东西，但这也会使你失去那种活泼和生动。如果我们把“五四”时期的语言看成只是一种书生腔、一种学生腔，也是不公正的。如果我们把那种所谓翻译腔调、所谓欧化词句嘲笑得一钱不值，实际上被嘲笑的很可能就是我们自己。当然，全世界的各种语言都有互相交融、互相影响、互相启迪、互相补充或者互相碰撞的这样一个过程。

我是从文学语言这个层面来谈的，事实上，还不仅仅局限于文学语言的问题。今天我们用汉语来写作，对待我们的文学语言的资源，应该抱有一种珍视的态度，应该尽可能地拓宽自己的语言素养，同时又运用自己最熟悉、最习惯、最有表达力的那一部分。

2007 年 12 月

语言的功能与陷阱

语言对人来说是太重要了，可以说是人与非人之间的一个非常重大的区别，当然我们首先倡导的学说是劳动创造了人，但是从一定意义上也可以说语言和劳动一起创造了人。人创造了语言，语言反过来又创造了人。人性化离不开语言。所以，我仍然假定，发达的语言，尤其是文字，是人与非人，与其他动物，更不用说是植物和矿物的一个重大的区别。

一、语言的功能

第一，语言的人性化。

之前我曾说，有三个说法我老是烦它们，一个是“芝麻开花节节高”，我觉得也太俗了。你说你情况越来越好就是好就完了，说进步了就是进步了，提升了就是提升了，富裕了就是富裕了，你干吗还芝麻开花节节高呀？这个我不喜欢。另外一个是“鳞次栉比”。形容房子多无论如何不能用鱼鳞来形容，用鱼鳞来形容有一种生理上的不舒服的感觉。第三个我不喜欢的就是“天麻麻亮”。天亮了就是亮了，没亮就是没亮，用书面语来说是“拂晓”也行，用“破晓”也可以，为什么要“麻”，而且一连“麻”两次呢？说老实话，说“东方显出了鱼肚白”，这个“鱼肚白”我也不喜欢，因为它让我想到的是死鱼。

这些都没有什么道理，都不是语言学，我只是说语言里面包含着一些很人性的东西。我喜欢什么样的词句呢？随便举几个例子，我特别喜欢“你好”，而且我认为这是受了苏联的影响，是受了俄语的影响，甚至俄语里面有更好的表示，它说“你好，爸爸”，“你好，妈妈”，“你好，列宁同志”。哎呀，我觉得这个说法好。我喜欢“再见”。我喜欢说“我想你”，我觉得说“我想你”甚至比说“我爱你”还好。我还喜欢“我们都老了”，这话特别有感情，特别人性化。在文言文里，我特别喜欢“先生别来无恙乎？”，就冲这句话，我就觉得中国的文言文太棒了。“先生别来无恙乎？”英语里没法翻译，英语变成什么呢？“Are you OK？”它没有那种感情。“先生别来无恙乎？”说明这两个人已经离别很久了，而用“无恙”，表达了一种人世的沧桑的态度。

还有一句就是：“谁知道呢？”尤其是我读肖洛霍夫的《被开垦的处女地》第二部，主人公拉古尔洛夫是一个贫农团的团长，一个天天搞革命的农民，但是他跟一个富农出身的很不检点的女人有点难分难解，然而这个女人更喜欢一个富农，而那个富农实际上已经做了一些破坏集体农庄的反革命的事情，但是拉古尔洛夫最后决定把这个他心爱的、政治上犯有错误的，而且牵扯着刑事案件的女人放掉。最后肖洛霍夫说，这个时刻，这个富农女人对这个很粗鲁，很野蛮，也不会穿衣服，说话大大咧咧，也不懂女性心理的拉古尔洛夫的感觉，也许有一些不同吧？谁知道呢？我觉得这句很棒！同样，我对英文的“Who knows？”也有兴趣。“Who knows？”的回答可以很潇洒——有时候需要互相发现——北京人回答一件事有时候说“没戏”，我们听起来很贫，胡同里才这么说。但是一个英国人告诉我，说北京人的文化积淀太深了！当他们说一件事办不成的时候，他们不说“Impossible”，他们说“No theater”。这个英国人对“没戏”的感觉跟我对“Who knows？”的感觉是相同的。

我比较喜欢英语的“Why not？”。“Why not？”你没法翻译。比如，有个人说，老王，今晚上我那有个 party，有个鸡尾酒会，有个自助餐，你晚上来吗？我怎么回答呢？我说：“OK, I will go！”这太干巴巴了，所以我一定回答：“Yes. Why not？”但你不能翻，一翻就酸得你牙都掉了。

英语还有些我非常喜爱的说法。比如说，甭管它，爱怎么怎么着：“Let it be！”这怎么翻呀？爱怎么怎么着，这还凑合。女作家刘索拉把它翻译成：“随他妈的去！”这个语感就过啦，它不准。所以语感这个东西是很精微的，添一分它就肥了，减一分它就瘦了。我也喜欢“So do I”，它反过来说，它不说“I do so”，就比较俏皮，你听着就比较舒服。人性化的问题，跟语言有时候连接得比较紧密。所以语言的表达功能不像我们想得那么简单，语言的表达表现着人性。

第二，语言的记忆功能。

世界上的一切东西都是变动不息的，所谓“俯仰之间，已成陈迹”。其实我们在这儿说着话，时间就这么过去了，有一个姓王的老头子，在这里说的这些话，也就在空气中消散了，变成陈迹了，变成历史了。变成历史之后有什么东西留下来了呢？有一些物质的东西，比如说房屋、用具……如果真要追究起来的话，比如说这有一只王蒙用过的茶杯。但主要的是文本留下来了，实际上许许多多东西对我们来说都是文本，历史教科书实际上就是文本。有实物又有文本的东西是给我们留下印象最深的，有文本没有实物的东西给我们留下的印象是次深的，有实物没有文本的东西是哑巴东西，你怎么解释都行。假如五百年后有人对这只茶杯感兴趣，假如这个茶杯上没有写中国海洋大学，它就是哑巴。我们讲中国史、外国史，实际上它们最后都变成了语言，变成了文本。而很多东西之所以能够有很高的价值，是由于文本的可爱，而不是由于别的。

我们的祖国有许许多多的旅游点，有很多美好的地方，有文本的跟没有文本的给人的感觉是不一样的。比如西湖，古来吟咏西湖的诗特别多，包括白娘子的故事，包括秋瑾的诗，对我们来说都是文本！有一次，我们跟韩国人一起在杭州开会，正好赶上天天有雨，很多活动就取消了，韩国人就抢着背诵：“欲把西湖比西子，淡妆浓抹总相宜。”“水光潋滟晴方好，山色空蒙雨亦奇。”有了这个文本之后，我们中国的东道主对连续三天不能好好地畅游西湖就有了底气，有文本为证：“雨亦奇”、“山色空蒙”、“淡妆浓抹总相宜”。这次我们就是用淡妆来欢迎韩国朋友——有了这个你的底气都不一样啊。

岳阳楼，现在你都分不清楚是为了看楼还是为了复习范仲淹的《岳阳楼记》，特别是他的“先天下之忧而忧，后天下之乐而乐”。尤其是黄鹤楼，黄鹤楼的遗迹实际上早就不存在了，尤其新中国成立以后，苏联专家帮着咱们修了长江大桥，这一带的地理环境其实都已经改变了，现在的黄鹤楼是又选了一个址，修了有二十多年了。当时我们的国家也比较困难，标准也不是很高，那个“木头”柱子其实全部是钢筋水泥，再刷上红漆，但是它仍然吸引了千千万万络绎不绝的游客。虽然现在的黄鹤楼是伪黄鹤楼，但是关于黄鹤楼的崔颢和李白的诗却流传至今：“昔人已乘黄鹤去，此地空余黄鹤楼。黄鹤一去不复返，白云千载空悠悠。晴川历历汉阳树，芳草萋萋鹦鹉洲。日暮乡关何处是，烟波江上使人愁。”李白的诗呢，简单一点：“故人西辞黄鹤楼，烟花三月下扬州。孤帆远影碧空尽，惟见长江天际流。”这样一个记忆的宝库，这样一个文化心理的保存，使黄鹤楼始终生长在我们的心里。具体这个黄鹤楼的油漆质量怎么样，伪木柱子的成色如何，我们可以宽容，我们可以原谅。为什么呢？因为黄鹤楼的仙气、灵气在它的文本上，在它的语言上，只要有李白有崔颢，黄鹤楼永垂不朽。只要有我们的汉语、汉字的文本，中华民族永垂不朽！

滕王阁也是这样。滕王阁修得很精致，它的自然条件不如黄鹤楼，因为南昌的滕王阁前面是赣江，就是“秋水共长天一色”里的“秋水”，它没有长江的那种气魄。今天的滕王阁是根据梁思成先生当年画的，也就是他考察、推测的图修起来的。可是这个建筑的依托，我觉得是王勃的《滕王阁序》。没有他的“物华天宝”、“人杰地灵”，没有他的“落霞与孤鹜齐飞，秋水共长天一色”，这个滕王阁不会这样屹立，这样崇高，这样吸引着我们这些中华儿女。这是不得了的，一个有文本的民族和一个没有文本的民族在世界在人类中的地位是不一样的，一个有无数优秀文本的民族很难代替。

所以，我们就看到语言文字的记载所起到的记忆和文化积淀的作用。一个没有文化积淀的民族就好比一个失去了记忆力的人，每个人都有自己的悲哀，而失去了记忆力实在是一个非常大的悲哀，失去了记忆力你连自个儿是谁都不知道，还能有什么幸福可言？还能有什么不幸可言？

第三，语言是一种修辞的手段。

这种修辞是泛修辞，我觉得我们的文化在某种意义上说就是修辞。人都有动物的本能，都有求生的本能，而人的这种本能经过修辞以后，就如毛泽东所说的有了“文野之分”，有了文化与非文化之分。如果没有修辞手段，你就只能限于本能。

我想到最多的是阿Q先生，按照人权的观点，阿Q当然和我们都一样。他有两次求爱经历，一次是求吴妈，用他的话说就是“小孤孀”吴妈。那么他怎么求爱呢？他突然一天晚上就给吴妈跪下了，说：“我和你困觉，我和你困觉！”然后吴妈就哭，要抹脖子上吊，大家都认为阿Q干出了毫无人性、违反道德、不守规矩、欺天害理、不齿于人类的事情。如果阿Q在语言文字的修辞上能够到咱们中文系上两节课，能来这儿听讲座，他绝对就不会用这种话了！如果他读过徐志摩的诗呢？那么他见到吴妈就会说：“我是天空里的一片云，偶尔投影在你的波心——你不必讶异，更无须欢喜——在转瞬间消灭了踪影。你我相逢在黑夜的海上，你有你的，我有我的，方向……”嘿，他可能就成功了！阿Q和徐志摩作为男人，他们想择偶，想求爱，这是天经地义的。阿Q对吴妈连性骚扰也谈不上，因为他是跪下的，他又没有摸人家，也没怎么着人家。性骚扰是阿Q对小尼姑，他去摸人家的脑袋，而且最为恶劣的是他说：“和尚动得，我动不得？”他缺乏修辞。修辞能使很多事情甚至于发生本质的变化，从野蛮到文化，从野兽到文明的人，可以有很大的变化。

往宽里说，很多事情就是一种修辞，我们可以说它是生活的修辞。比如说婚姻，该有的仪式、程序都是修辞，然后你再进教堂，还要奏《结婚进行曲》，非常雄壮——我听这声音一直以为是大军出营征战——经过这样一个修辞的手段，它就不一样了。有时候我们从一个人的语言上，所谓的谈吐上，就能获得这个人素质是高还是低、对人是粗暴还是温和的一些印象。所以说，语言的修辞作用是太大了。为什么我说语言塑造了人呢？这是因为人有许多本能的欲望，这些欲望既谈不上坏、罪恶，也谈不上好、文明，但经过修辞的作用，经过这种长期的修辞的实践、修辞的习惯、修辞的素养，人就变成了一个有教养、有文化的人。

第四，语言的政治功能。

语言在政治当中能起到相当作用，政治家基本上或是一般来说应该是个演说家，比如说他要用语言来参加选举，用语言来鼓动民众。《文心雕龙》一开始就说“鼓天下之动者存乎辞”，能发动天下的是“辞”，以“辞”来打败政治上强有力的对手。“起来！饥寒交迫的奴隶”，这个语言的力量太大啦！雷霆万钧，如火如荼啊！就冲这一句话就该热血沸腾了。还有“吾与汝偕亡”，我没有能力把你消灭，怎么办呢？我跟你一块儿死！还有文天祥的“人生自古谁无死，留取丹心照汗青”；革命烈士夏明翰的“砍头不要紧，只要主义真；杀了夏明翰，还有后来人”……

有一些话我觉得真精彩，比如《共产党宣言》讲社会主义、无产阶级革命，说“无产者在这个革命中失去的只是锁链。他们获得的将是整个世界”。这种语言力透纸背，有千钧之力啊！还有它最后有一句话说：“全世界无产者，联合起来！”德语的原文我不会，但是英语我见过，太简单了：“All workers unite！”中文的翻译更悲壮！

我还想到一些很有名的话。比如说季米特洛夫，他在被审判当中不要律师，自我辩护，把敌人的审判场变成了他的讲台，在那里慷慨激昂地讲话，所以他真是当时共产主义的一个明星。他有一句话说：“当中世纪的教会把主张地动说的科学家烧死的时候，这个科学家说：‘你可以烧死我，但是它在转动着！’”它在转动着！多棒啊！他还说，“无产阶级和资产阶级决战的时刻到来了！到时候我们不做铁锤便做铁砧”。也就是你不砸他他就砸你。当然从现在来看，对这个事情还是应该一分为二，他没有充分考虑事情的复杂性，但是从语言来说，它是非常有力的。这是政治上的一种情况。

还有一种情况，就是语言和文字又会变成一种武器，变成一种障眼法，用来遮蔽事实真相，用来推迟真相的出场。“文化大革命”中有些人宣传得非常好，而且大家都说这人讲得真好，但是那些话是经不住研究、推敲的。例如，我这里就不说具体是谁说的了，这人介绍经验的时候说，我们这儿对待自然灾害的经验有三条：第一，要承认它；第二，不怕它；第三，克服它！讲得铿锵有力，但是他讲的全是废话，和没讲一样啊！什么叫第一承认？山水下来把你房子都已经冲走了你还不承认？有时候他讲的都是同义反复的东西。

前段时间，外国媒体把“文理不通奖”评给美国国防部前部长拉姆斯菲尔德了，凤凰台多次播放拉姆斯菲尔德的讲话：“As we know, there are known knowns. There are things we know we know. We also know there are known unknowns. That is to say, we know there are some things we do not know. But there are also unknown unknowns, the ones we don't know we don't know.”当人们问他关于伊拉克形势、大规模杀伤性武器这些事情的时候，他就说我们并不知道我们知道什么，我们也不知道我们不知道什么，我们以为我们知道什么，但是不见得就是我们知道什么。这就是拉姆斯菲尔德说的。有时候搞政治真是练语言啊！

我在香港看过老布什竞选的一个新闻片，老布什讲要不要加税的问题时保证绝对不加税，他用手指着嘴说：“Pay attention to my mouth！ I say，No，No，No！”他说：“请你们注意我的嘴，注意我的口型，我说了不加税，No，No，No！”他说了三次不加税，但是他上台三个月后就加税了，然后他又讲，他当时说不加税有当时的情况，现在说加税有现在的情况，情况变了提法自然会有改变！这个语言文字真好啊，没有语言文字怎么办？怎么解释这些事情？

中国是很注意外交辞令的，“晏子使楚”这一类的故事不就是靠语言吗？晏子展示出了语言的魅力，最后楚王说“寡人反取病焉”，就是自取其辱的意思，等于他承认败在晏子手下了。还有说客，《史记》上有很多说客，说客就靠自己的三寸不烂之舌改变形势。有时候我开玩笑，好多人包括我自己，到底算什么劳动者？算体力劳动者？不算！算脑力劳动者？不能一天到晚老用脑子，很累的！后来我归结为“口力劳动者”，很多人都是口力劳动者，靠口力劳动改变、调整着政策，政策的调整要靠口力，包括文字，很多时候也是把口说的东西记载下来。

第五，语言的审美功能。

语言产生之后可以成为审美的对象，其实刚才我讲那些我喜欢的词句的时候，已经包含了对它们的一种审美的感受，一种审美的接受。因为你不能单纯地说哪个词一定好，哪个词一定不好，褒义词都是好词，贬义词都是坏词。语言和文字，尤其是中国的文字，有这样巨大的审美功能也是很少有的。它还有音乐感，我读文学作品，包括我自己写东西，特别追求的就是这种音乐感。好的句子你怎么看怎么舒服，怎么念怎么舒服，别人念你怎么听怎么舒服，而不好的句子它怎么着都别扭。其实拉姆斯菲尔德获得“文理不通奖”的那一段讲话，从单纯的审美意义来说有一种喜剧的乐趣。

我有时候喜欢一些不上经传的作品，就是觉得它们的发声好听，内容当然可以，不算深刻，也不算感人，也没有包含巨大的道德的、社会的或是人生的内涵，但它们的声音实在是太好听了。比如说苏轼的“休对故人思故国，且将新火试新茶。诗酒趁年华”，太帅了！唱歌就唱不到这么好。再比如说“细雨梦回鸡塞远，小楼吹彻玉笙寒”，这声音真是太好听了。单纯从审美的角度，不去管它的内容，甚至从内容上来说也是值得推敲的，不一定很积极，也不一定同情劳动人民，也不一定代表先进的生产力、先进的文化和人民的最大利益，但是这些词藻、这些语句、这些文字加在一起，就是能给你美感。

我为什么喜欢李商隐呢？李商隐能够把他那种消极的、悲哀的，乃至于颓丧的情绪审美化。他能够用特别美的文字，用特别美的语言，甚至用富贵的词汇，比如说金玉、蝴蝶、花卉等，把颓丧的情绪加以包装，使颓丧的情绪变成曲折有致、美不胜收的一座宫殿。譬如说我最喜欢的他的两句诗，我觉得这是最颓丧的：“红楼隔雨相望冷，珠箔飘灯独自归。”这太悲哀了！“红楼隔雨”，它是不沟通的，它是隔膜的；“相望冷”，它是冷雨。“红楼隔雨相望冷”，读到这里就有点儿冷到骨头里去了，红楼在雨里——它是红楼啊，不是土楼，也不是地堡——“地堡隔雨相望冷”，这就不行了。“珠箔飘灯独自归”，这么美！珠箔，不是纸灯笼，也不是拿着一根蜡烛，更不是拿着手电筒——“手持电筒独自归”，那就完啦！这种悲哀的情绪，消极的情绪，失望的情绪，软弱的情绪，极大地感染着你！所谓“一春梦雨常飘瓦，尽日灵风不满旗”，这雨都是飘着的，飘到瓦上，不是落到瓦上。雨没有重量，又有风，风也很小，没有大风，大风干脆“呼噜呼噜呼噜”吹一家伙也可以，它连旗子都吹不满，不能吹满的旗子迎风飘扬。语言在这里就变成了一种审美的呼唤。

新诗里头舒婷有两句话，实在是写得非常具有审美的价值，这诗我记得不是很清楚了，她说："也许有过一次呼唤，却永远没有应许；也许有过一次约定，却永远没有如期。" Beautiful！！太棒了！这就是一种语言的审美化。一念这个我总有一种恶作剧的心理，我就想起我上小学的时候，男生三四年级就开始发坏，我们一个同学就学着唐山味儿教我一句话："我说老妹子啊（子啊连读），你咋不爱（发后舌音）我呢（nin 音）？"这就缺少审美价值，显得粗鄙不堪，至少他这是顽童语言，没有什么特别恶劣的。

我看曹禺的《雷雨》，特别喜欢其中那些最普通的话，第二场侍萍和周朴园见到了，侍萍说："三十多年前呢，那时候我记得我们还没有用洋火呢。"洋火就是火柴，我不知道是哪一根心弦被她拨动了，她这个"没有用洋火"引起我那么多沧桑感。然后还有一句话说："你自然想不到，侍萍的相貌有一天也会老得连你都不认识了。"何等悲凉啊！这很有一种味儿，和那个"逝者如斯夫，不舍昼夜"本质是一样的，但又是另一种悲凉。

所以我觉得，语言文字不但是有声音，而且是有表情的，它是有动感的，它是有形象的，它是有色彩的，它处处都在感染着你，处处都在触动着你。

第六，语言的神学效应。

语言不但有艺术的效应，有艺术的功能，有表意的功能、政治的功能、社会的功能，而且有强大的神学的功能。很多神学的最根本的概念是语言的产物，是一种语言。譬如说“终极”，谁看见过终极？终极在哪里？你是活人就看不见终极，你看的只有那几十年。我们假设您长寿，您能活一百五十年，那一百五十一年您都看不到，更不用说终极了。譬如说“永恒”，你上哪儿去找永恒？但“永恒”是一个词，是一个非常好的词，是一个非常有神学功能的词。“本原”、“至高无上”、“造物”、“命运”、“无限”等，我们看到的都是有限的，无限是我们思想的产物，因为有这个语言，你的思想才有所丰富。还有“轮回”、“末日”等，如果没有这样一些语言，怎么可能有宗教？怎么可能有人的这种神学的追求和研究？当然还有更严肃的，上帝啊、佛啊、真主啊这样一些词。

我们中国除了老天爷、灶王爷、玉皇大帝这些词以外，还有一些“准”或是“亚”神学的词，就是说哲学的、具有无限涵盖力的词。譬如说“道”，譬如说“无”，其实我想来想去这个“无”也是看不见摸不着的，你看到的摸到的都是“有”而不是“无”，但是看不见摸不着的东西，你经验以外的东西，语言和文字可以创造。语言和文字不但有经验性，而且有“超验性”和“先验性”，超出你的经验。

还有一些伟大的词语，它们本身就具有一种神性，比如说“正义”、“神圣”、“永生”、“就义”。它有一种超越，对人生经验的一种超越，对人生经验的一种升华。所以自古以来就有一种把语言神圣化尤其是把文字神圣化的倾向，世界上各个民族都在寻找一种具有神性的语言。比如说我们所知道的“芝麻开门”的故事，芝麻开门就是咒语，你到了一座宝山的紧锁的石洞面前，你叫一声“芝麻开门”，这门就开了，然后所有的珠宝欢迎你去摘取，去收获。他们寻找这样的语言。中国的福禄其实也离不开字，它们有一种很特殊的写法，人们认为它们有避邪的效应。过去很多北京人家里头如果有小院子的话，就立一块石碑，上边写着“泰山石敢当”，就是因为他们认为有些语言文字是有神性的。

语言文字本身还有一种神秘，它的背后有一种神的意旨，这个意旨是文字本身所不能直接提供的，是要靠你去钻研、体会和探索的。所谓“河出图，洛出书”，这里头有一种神秘的东西。要是细讲起来，语言和文字真是非常神秘，我相信语言是经过千百年才慢慢形成的，不可能一下子就这么完备。文本后还有天意，而这个天意是不可测的，所以就有测字，就有《推背图》，就要解释。外国人喜欢搞这个，有一本书叫作《圣经密码》，说他们确认《圣经》是密码，于是请了美国中央情报局退休的密码专家来研究，找出了它这个密码的规律，根据这个规律，他们发现《圣经》已经预言了所有的事情，预言了苏联的解体，预言了巴以冲突，预言了伊拉克战争……凡是发生的事情，密码都能找得出来。把语言把文字当成一种密码，然后寻找它背后的神秘，中国也不是没有这种传统。中国认为语言文字具有神秘性，说仓颉造字的时候“天雨粟，鬼夜哭”，因为太智慧了，这个智慧是超人间的，超经验的，连天都下小米，连鬼都害怕！中国人这么厉害啊，仓颉这么厉害啊！所以说，语言有神秘性，有神学的功能。这种把它当密码的游戏表现在占卜上面，就是希望通过对一些卦辞的解释，解读出对人生、命运的预言来。

第七，语言还有一种心理释放和抚慰作用。

语言和人的心理关系太大了。语言可以使你心里的郁结得到释放。美国二十世纪八十年代有一个很有名的短篇小说家，叫作 John Cheever，他的女儿 Susan Cheever 写过一本书回忆他的爸爸。她在这本书一开始的时候就说："在我小的时候遇到不愉快的事，我爸爸就让我回到房间跪下来做一会儿祈祷。在我大了以后遇到不愉快的事，我爸爸就让我把这一切都写下来。在祈祷之后，写下来之后，我就变得平静多了。现在我遇到的最不愉快的事就是父亲的逝世，我要把这一切写下来。"这是很普通的，一个人需要说，需要倾诉。一个能够倾诉的人是幸福的，一个无人可以倾诉的人是可悲的。宗教信徒的忏悔，也起这么个作用。有时候我觉得语言有一种释毒的作用，把非常负面的、非常消极的、有可能成为毒素的、有可能引起癌变的那些经验、那些体验、那些情绪，通过一定的语言文字的形式写出来，就相当于进行了一个无害化处理的过程。

李商隐也是这样。李商隐虽然消极，但是他的诗写得很漂亮，他要有很好的音韵，他要有很好的典故，他要有精确的对仗，他要有精美的文字的选择，所有这些都是无害的，这是种无害化处理。再比如《红楼梦》，晴雯的死宝玉义愤填膺，但是他又不太可能在荣国府、在大观园掀起抗暴、抗谗言、清理小人的这样一场运动，连绝食他都没有，宝玉怎么办呢？他就写了一篇《芙蓉女儿诔》，这个《芙蓉女儿诔》是骈体，写完之后，他就在那里摇头摆尾地念。林黛玉听见了，就过来了，还跟他提哪个字该怎么改一改，哪个词该怎么改一改，这样就把对晴雯之死的愤激之情转化为对“诔”这种文体的修辞学讨论，把它雅化了。不但雅化了，而且释毒了，把它无害化了。所以这本身就透露了一个消息，语言文字既很好，也很厉害，也很冷酷，它把对人的死亡的正义的愤怒变成了文字的推敲。

和国外的戏曲比较起来，中国戏曲的大仁大孝、大忠大奸、大锣大鼓比较强烈，什么原因呢？就是因为中国人心理上的积蓄太多、压抑太多，需要语言的宣泄，而语言的宣泄无论如何比上街宣泄要安全得多。比如秦香莲见皇姑，皇姑问：“你为什么不跪？”秦香莲说：“按照国法，你是君我是臣，我应该给你跪；按照家法，我是大你是小，你应该给我跪。”（大意如此）这个思想本身并不算很先进，但是在当时她敢这么说话也还是出气，通过这个东西她能够维持一种心理的健康和平衡，这就是语言的心理释放乃至于释毒作用。

第八，语言是一种游戏。

语言文字有很大的游戏性，有很多纯消遣性的语言游戏和文字游戏。我小时候学了很多这种游戏性的东西，听起来不太有道理的、没有什么意思的一些文字，但是很有游戏性。比如说模拟的快板儿，说“打竹板儿，迈大步，眼前来到棺材铺，棺材铺的棺材真叫好，一头大来一头小，装上活人跑不了，装上死人活不了”。我觉得这是很天才的，没有什么意义，也没有攻击棺材铺的意思，也没有为棺材铺做广告的意思，这是一种游戏。还有很多例子，我孩子小的时候，那么多革命的好的童谣教给他，他不学，他就会说什么呢？“一个小孩儿学大字，学，学，学不了，了，了，了不起，起，起，起不来，来，来，来上学，学，学，学文化，画，画，画图画，图，图，图书馆，管，管，管不着，着，着，着大火，火，火，火车头，头，头，打你一个大锛儿头！”这就是游戏，它有什么意义？既不反动，也不革命，也不进步。

语言文字有这种游戏功能，人多了一个玩儿的东西。人可以玩文字，可以玩语言。还有各种绕口令，像“吃葡萄不吐葡萄皮儿，不吃葡萄倒吐葡萄皮儿”，这就是游戏。因为这话是不通的，你不吃葡萄怎么吐葡萄皮儿呢？后来我在德国波恩一个汉学家的家里，找到了一个二十世纪二十年代德国汉学家写的《北京口语词典》，其中有这个绕口令，那时候比较规矩，是“吃葡萄就吐葡萄皮儿，不吃葡萄不吐葡萄皮儿”。它是很合理的，但是游戏性不如这个，“不吃葡萄倒吐葡萄皮儿”，游戏性就增加了，把它荒诞化了。这都是一些游戏。

中国的文字游戏还多着呢，比如说回文诗，这诗从第一个字念可以，从第几个字念都可以，它是循环的，是转的。苏小妹三难新郎，其中就有回文诗，极具游戏性。

我上小学的时候大家都喜欢唱岳飞的《满江红》，“怒发冲冠，凭栏处，潇潇雨歇”，可是我们的同学给改了：“来一碗粥，要咸菜不要窝头！”那么这个同学是不是对岳飞有不敬呢？是不是有私通秦桧的嫌疑呢？没有。他就是觉得你老唱“怒发冲冠，凭栏处，潇潇雨歇”没有人笑啊，改成“来一碗粥，要咸菜不要窝头！”大家就一团乐了。新中国成立以后，我们有一首歌这么唱：“我是一个兵，来自老百姓”，马上这个同学又给改了：“我是一块冰，吃了肚子疼！”人的本性有一种是拿语言和文字游戏……

你可以把它搞得很神圣，也可以把它搞得非常游戏化，当成个玩意儿随便玩儿，就像魔方一样，你可以这么拧，也可以那么拧，放地下转一转，碾一碾，搁脚踹一下，总之是玩儿，这是一种游戏。

第九，也是最重要的，语言有一种发展人的能力。

语言本身有一种发展能力，有一种组合能力，有一种衍生能力。就是说，语言在人把它创造出来以后变成了一个世界，变成了一个有机的、活的东西。它本身在不断地变异，不断地组合，不断地发展。它培养了人，比如说有了数字，就培养了人的条理。慢慢地我们有了反义词的概念，很多新词就创造出来了。譬如说我刚才提到的“无限”，无限是一个超验的概念，它是怎么来的呢？因为我们有有限的经验，我们知道空间是有限的，时间是有限的，你兜里的钱也是有限的，有了对有限的经验，你就会想这个有限的反面是什么呢？是无限。长生不老，天地同辉，这是无限。有了短暂的经验，你就会想和短暂对立的是什么呢？是永恒。这样我们就创造了永恒。对反义词的思索使我们产生了超验的概念，有与无，物与神，文与理，都是这样。

再比如说很多成语，这些成语出现以后，经历了一个变异的过程，这个过程我们现在很难做价值判断，它是好还是不好。比如说现在，包括国务院的政府工作报告里都经常有这么一个词“知难而进”，这个成语原来是“知难而退”，但是现在已经快有人不知道“知难而退”了，只知道“知难而进”。为什么呢？因为毛主席来了一个“知难而进”，他用他的价值观念来改成语。但是起码这个改法已经被广泛接受了。所以语言本身有变异的可能，有衍生的能力，还有自我完善的能力。

有时候语言的组合丰富了人的思想。当然首先是人的思想丰富了语言，反过来语言的组合又丰富了人的思想。譬如说“有志者事竟成”，我们马上可以按照这种模式提出几种不同的命题来，“有志者事不成”、“有志者事未成”等等，我们可以举出很多的例子。从“有志者事竟成”上，从语言的单纯的组合上，就可以看出语言本身能够怎样衍生，怎样变化。

周谷城教授曾经给我讲过一个例子。1949年他去北京看望毛主席，毛主席踌躇满志，说："失败是成功之母，真是这么回事。从南昌起义、秋收起义，到一次一次反围剿，我们失败了多少次，最后我们成功了。"周谷城当时来了一句："主席，成功也是失败之母！"主席略显不悦问："怎么讲？"周谷城说："成功容易骄傲啊，骄傲又使人落后……"就差不多这么个意思："成功了人就容易腐化啊什么的，这样的话不就引起失败了？……当然，主席例外！""主席例外！"他又加了这么一句。这是周谷城亲自对我说的，后来我个人就给他这话做批注——画蛇添足，越描越黑。如果选择词句，用比较正确的说法，应该是这样，毛主席问："怎么讲？"你说："历史上有过这样的事情，成功了之后注意不够结果失败，但是我们现在吸取了教训和历史经验，我们会摆脱这样的悲剧……"这样说就好了！但是毛主席当时还算挺好，"啪"一拍桌子，说："你讲得有理！"

后来我就想，成功是失败之母，失败是成功之母，成功也可以是成功之母，一个成功引起一个成功，失败也可以是失败之母，或者成功失败各不相干，并无母子关系，这都是可能的。就是说你看着是语言文字的来回调换、来回组合、来回排列，正义词改成反义词，或者是把宾语换成主语，但是它本身丰富了思想。相反，如果我们既没有成功，也没有失败，也没有"之母"这样的概念，我们的思想会贫乏得多。所以一个没有语言没有文字的人，一个失去了自己的语言和自己的文字的民族是最可悲的。

二、语言的陷阱

刚才这些是从语言的正面来说的，但是反过来说，语言本身又是一个陷阱。

第一，语言不可能完全准确。

语言怎么能完全准确呢？我们都知道“轮扁斫轮”的故事。有一个造车轮的阿扁，看到齐桓公在读书，就问桓公读什么书。齐桓公说，我读的是圣贤之书。阿扁说，这不过是糟粕而已。齐桓公就问：你有道理吗？给我讲讲。阿扁就说，以做轮子为例（“斫”以我的体会是类似于砍刀但又不太一样的工具，不是斧子，也不是锯），你砍的劲儿大了它就“苦”了，砍的劲儿小了它就“甘”了（这个“苦”字到现在我们还用，就是说这东西你去得太多了就苦了，做过了就是弄苦了；用的力量不够就会“甘”，就甜了，“甘”现在不太用了）。但是你怎么能够掌握得合适呢？无法传达，无法用语言来描述。你只能自己慢慢去砍、砍、砍、砍……然后就掌握住了。他说，连做轮子语言都是无能为力的，那么写一本书来教人的用处就是更小的，更何况是治国平天下的大事呢？你不能说治国平天下的大事比做轮子简单。所以，能够写下来的，能够说出来的，全是糟粕。

老子讲“智者不辩，辩者不智”，禅宗讲“不可说，不可说”，越是精妙的道理越是不能说。至少到了孔子，他“述而不作”，说还行，但是不能作，为什么呢？因为说有很多弹性，有很多灵活性，有语境，有语气，有对象，有交流，有呼应。但是写成文字了，比如说我今天讲的这个，万一被你们整理成一个文本，那是很不幸的一件事。你要再看，那就有可能经不住推敲。这样一来问题就多了。所以语言不可能完全准确。

第二，把任何东西写下来，它都会简单化，会教条化，会呆板化。本来灵活的、极好的一个论断、一个见解，写出来变成死东西了，就暗藏着变成教条、变得呆板的可能。

第三，你说得越普及，就越有降低水平的可能，它被通俗化、被庸俗化了，我还有一个不雅的词，被狗屎化了。很好的一个见解，很好的一个说法，尤其是如果再一强迫，完了！那么说出来的多半是狗屎，多半不是见解，多半不会有很珍贵的思考的成分在里面。因为它变成人云亦云了，变成各执一词了。就像“文化大革命”中打语录仗似的，你背一段语录，他背一段语录，把语言文字所表达出来的精彩的东西加以歪曲，加以简单化。

所以，我们在讲到语言文字的重要性的时候，无论如何还要看到，尤其在我们中国，有一种反语言文字的、非语言文字的传统。我们现在评价一个人往往还用到一个词叫“厚重少文”。什么样的人厚重呢？他的话不多，而且文采不多，拙嘴笨腮，有话不大会说，那么他给人的另一面的感觉就比较厚重，比较稳定，比较可靠，比较忠诚。这是中国长期以来形成的观念。

正是因为语言文字有这种侧面的反面的东西，你说得太多了就令人想到言过其实，你说得夸张，你说得不准确，你是所谓嘴皮子上的功夫。什么原因呢？因为语言太发达了，它会脱离现实，它就和求真务实的精神不符合了。你要是到上级那里开会，你天花乱坠地给他讲一段，可千万别以为他会对你印象好，他很有可能把你从后备名单里头给去掉了。所以我们有很多对语言不利的说法，“夸夸其谈”、“口若悬河”、“言语的巨人，行动的矮子”……

我们现在批评的是行动的矮子，但是我们老是寻找那种结结巴巴的、话也说不清楚的行动的巨人，这个也有点偏颇。演说、答记者问、记者招待会，既需要行动的巨人，也需要言语的大师，我们应该提倡言语的大师和行动的大师。

第四，语言规定了你的思维。

现代人出生以后接触到的现有的语言信息太多了，你想看也看不完，想消化也消化不清楚，所以只剩下学舌的份儿了。已有的语言已经规定了你的思维，使你的思维不能解放，很难有什么别的新鲜的想法。

本来这是非常好的事。“床前明月光，疑是地上霜。举头望明月，低头思故乡。”太好了，现在的孩子一般话还没说全就已经会背这首诗了，但是你一看到月亮就“低头思故乡”，这个月亮到底是什么样儿，你就没有那种真实的原生的感受，你只有这个诗歌里边儿的感受。我小学学作文的时候买过一本叫作《模范作文读本》的书，现在这一类的东西是汗牛充栋了，当时这个读本给我印象最深的就是教我学会了一个词“皎洁”，“皎洁的月亮升起来”。我过去对月亮有感觉，觉得月亮当然没有太阳那么亮，又不像星星，不知道该怎么形容。我发现了“皎洁”之后又发现了月亮，我觉得“皎洁”这两个字给我的帮助太大了。但是到后来我特别痛恨这两个字，你形容月亮、描写月亮、感受月亮你什么都行，别老是“皎洁”，张三是皎洁的月亮，李四也是皎洁的月亮，弱智者也是皎洁的月亮，汉奸也是看见皎洁的月亮……我就是不“皎洁”！“皎洁”统治了人的思维。所以，已有的语言和文字既是我们的财富，又是我们真正认识世界、进行创造的一个阻隔。

第五，语言还有一个陷阱，就是从理论上说，一切已经说出来的尤其是写下来的东西，都有可能被驳倒。

不管事实是不是被驳倒，但如果你要抬杠，那没有一句话是不能抬杠的。你说人都要吃饭，他说正绝食的人就不吃饭，刚做完肠胃切除手术的人也不吃饭，重病在床、靠鼻饲的人也不吃饭。我不想多举了，就是说没有什么话是不可以推敲的，是不可以驳倒的。

为什么现在文坛上有一批酷评家？因为语言和文字是最容易驳倒的。一个实验结果你想驳倒没那么容易，除非你自己也做一回实验；一个物理定律你想驳倒也不是那么容易。可是一个语言和文字所表达的思想、所表达的命题，你可以攻其一点而不计其余，你可以无限夸张。我们在生活中还常常看到两个人讨论一件事情，本来是非常细微的差异，但是两个人各不相让，你抓他的辫子越来越多，他抓你的辫子也越来越多。你说从来没见过！什么叫从来没见过？昨天你还见着呢！你说你不信！你不信管什么用啊？毛主席都信！

语言文字可以造成人的沟通，又可以引起人的分歧；可以促使我们的思想、我们的感情更加成熟，更加明晰，或是更加敏锐，也可以阻隔我们的思想和感情，制造许许多多无聊的冲突。在某种意义上说，语言文字所制造的废品，所制造的垃圾，并不比语言文字所开放的奇葩少。

2008 年 5 月

门外谈诗词

我今天讲的题目是“门外谈诗词”，这是拿我的短项和安徽师范大学的长项来切磋，是一种带有自杀性的但并不恐怖的行为。我主要的目的是为了求教。这是不是也反映了我的一些自私心理：如果我有什么长项可讲，譬如谈小说创作什么的，预备留到下次，以后我还可以不断地来安师大。

所谓“门外谈”，就是因为它是我的弱项。我对中国传统诗词的阅读，大致保持在《唐诗三百首》和《千家诗》的水平上，但是我有兴趣，一些问题爱瞎琢磨，就是我说过的“野狐禅”。所以希望在座的真正的诗学专家能给予指导。我想就三个问题和各位同好们进行讨论：一是关于“诗言志”的问题；一是关于诗歌的寄托和它的含义；一是中国传统诗词的整体性与个人性。

一、诗言志

我觉得“诗言志”这个说法很有意思，和西洋的文论不同。西洋文论大体上就是“再现说”和“表现说”。“再现说”基本上是反映论：诗歌也好，其他的文学作品也好，都是现实生活的一种反映。俄国的车尔尼雪夫斯基就有一个著名的命题：“美是生活”。“表现说”则认为主要是自我的表现。“诗言志”不像是“再现说”，不像是“反映论”，也不像是“自我表现论”，因为“自我表现”什么都能表现，既表现“志”，表现“情”，也表现“思”，西洋文学还喜欢表现“欲望”。“诗言志”和“自我表现”有相通之处，但不太一样。

我觉得孔子讲“兴”、“观”、“群”、“怨”更集中，因为“兴”、“观”、“群”、“怨”说包含了“表现”和“再现”的东西。“诗言志”不但指表达自我，而且有表现精神生活走向的问题——我的精神生活往哪里走，往什么方向去；既包含着价值判断，也包含着审美判断——我倾向于什么，喜欢什么，因为“志”就是“志趣”。当然“志”也可以“再现”，因为“志”也可以是“县志”、“人物志”的“志”。

“志”不是绝对的，有许多诗，不太好分析它们是言什么志，如“两个黄鹂鸣翠柳，一行白鹭上青天”；“明月松间照，清泉石上流”有点“志”，就是返归大自然。不过，确实有许多动人的诗表现了诗人的精神走向。这里举一些最简单的例子。

杜甫，很有仁者之风，如《茅屋为秋风所破歌》：“安得广厦千万间，大庇天下寒士俱欢颜。风雨不动安如山！呜呼！何时眼前突兀见此屋，吾庐独破受冻死亦足！”这里“志”很容易理解，我不做解释。李白那些脍炙人口的诗，也表现了他精神上的一些走向，如“天生我材必有用，千金散尽还复来！”有点儿说大话——李白喜欢说大话，说大话也不见得坏，既无损于别人，也不会给他带来多少虚名和实惠。中国诗里说大话的非常多，这与“诗言志”的观念有关——“志”越大越好，不是越小越好。这两句诗很乐观，很自信。实际上，“天生我材必有用”是一种人生，“天生我材没有用”也是一种人生，“天生我材不得用”也是一种人生，“天生我材更倒霉”也是一种人生，“自古才命两相妨”也是一种人生，“从来文章憎命达”同样是一种人生，但到李白这儿是“必有用”。这个大话说得很好，对人有鼓舞作用。李白诗多表达这种东西，如“蓬莱文章建安骨，中间小谢又清发。俱怀逸兴壮思飞，欲上青天揽明月”；“仰天大笑出门去，吾辈岂是蓬蒿人！”更是说大话了，其实他不是蓬蒿人，跟蓬蒿人也差不多，他没有看透这一点。

我举一个李商隐的例子，因为我冒充李商隐诗歌的爱好者已达十余年了。李商隐的诗不大容易看出“志”，它有一种弥漫性和惶惑。“沧海月明珠有泪，蓝田日暖玉生烟”，这是达到了极致的境界，既是“物境”，也是“心境”；既是客观的，又是主观的。李商隐多少有点儿唯美，他能够把悲哀、失望、惶惑乃至于颓废变成非常美的东西。人生有很多消极的东西，就好比病毒，对于大多数人来讲，它有毒化精神的作用，但经过唯美处理，就好像是病毒经过培养、稀释，就不再是毒害而是丰富你精神的东西，它可以增强你的免疫力。李商隐和别人不同，他喜欢用“金”啊、“玉”啊这些很贵族很繁复的语言来表达那些最悲哀的情绪。没有经过这种“免疫”处理的，就好比一出门就碰到一件很悲哀的事，譬如一个好朋友死了，或是一场车祸，或是一个人吊死在你眼前，你会觉得非常晦气，一天的情绪都很低落。但是，经过“免疫”处理就不一样了。同样是出门碰到丧事，如果治丧者请你修改一首非常漂亮的追悼死者的诗，你对文字、章句的爱不释手、爱不释目就会减轻你对死亡的痛苦，使这种痛苦变得比较能够忍受。

我讲《红楼梦》时常举一个例子——《宝玉探晴雯》，这也是一出非常有名的梅花大鼓的段子。晴雯死了，大家非常痛苦，贾宝玉尤其痛苦，他作了一篇《芙蓉女儿诔》，在那儿读，被林黛玉听见了。黛玉说作得非常好，但“红绡帐里，公子多情；黄土垄中，女儿薄命”几句词应该改一改。宝玉改了词，林黛玉又感到这个词是针对她的，忽然变得非常难过。这里写的就是把一件十分悲哀的事审美化、文字化、语言化、文学化，变成一种纯美的东西，使得人和悲哀之间有了一种间离的感觉。这个问题比较复杂，我在这儿不细说。

外国的这种唯美主义更可怕，不仅可以美化悲哀，还可以美化暴力事件。我曾在《读书》杂志上写过谈莎乐美和潘金莲的文章，莎乐美是位很乖张却很漂亮的公主，她爱上先知，可是先知不爱她，于是她要求希律王把先知的脑袋割下来，她就捧着这个脑袋亲吻。中国人看了，会觉得非常恐怖，可是王尔德经过一些处理，使它纯美化了。

所以在李商隐的诗里，我们读到的既不是杜甫的那种“仁者爱人”的“仁”，也不是李白的那种乐观、旷达、浪漫、说一些大话，而是一种弥漫的对美的追求。这里引用一段梁启超关于李商隐诗的评论文字：“义山的《锦瑟》、《碧城》、《圣女祠》等诗，讲的什么事，我理会不着。拆开来一句一句叫我解释，我连文义也解不出来。但我觉得它美，读起来令我精神上得一种新鲜的愉快。须知美是多方面的，美是含有神秘性的。”

关于“诗言志”，我想更多地举一些今人和近人的例子，因为这些人在诗学上不太被重视，但今人、近人在“言志”上所达到的成就，有些方面超过了古人。我特别想从清朝的龚自珍说起。我觉得现在很多人的“言志”传统是从龚自珍那里来的，因为龚自珍面临的是清朝社会的解体和腐烂，他自己才能又很高，个性又比较强，又有很多毛病——据说龚自珍也是一个爱说大话的人，而且好赌，黄、赌、毒他至少占一样——他与社会、环境、体制之间有各种各样的矛盾，所以他的诗里处处表达出他的那种自信、胸怀和不得志的悲哀。如《夜坐》：

春夜伤心坐画屏，不如放眼入青冥。

一山突起丘陵妒，万籁无言帝座灵。

“一山突起丘陵妒”，小山包都嫉妒高山，这写的显然不是山和山之间的关系。我们只知道人和人之间有这种嫉妒的关系，山和山之间没有，黄河不会嫉妒长江，珠江也不会嫉妒黄河。动物之间有没有嫉妒还待考，可能有，因为一群马里有两匹公马，它们就斗得不可开交，但是人之间比较明显。再如《己亥杂诗》“落红不是无情物，化作春泥更护花”，将自己比喻成“落红”，“化作春泥”还要“护花”，这已经成为经典了。毛泽东在鼓吹“总路线”、“大跃进”、人民公社、“三面红旗”的时候，也用了龚自珍的诗：

九州生气恃风雷，万马齐喑究可哀。

我劝天公重抖擞，不拘一格降人才。

有人批评龚自珍这首诗写得并不好，太直白了。但是，要知道许多名诗都非常直白，杜甫很多诗直白，李白很多诗也很直白。我觉得龚自珍这首诗还是非常好的，不管他吹牛也好，好赌也好，还是以天下为己任，觉得“本人不出，如苍生何？”——中国的诗人都觉得自己非常重要，所以他要管到“天公”那里去，希望“天公重抖擞”，“不拘一格降人才”。当然，“万马齐喑究可哀”是非常沉痛的，沉痛表达了深度。有时候，诗写得越是沉痛，就越显得有深度；如果写得快乐就显得傻（这不一定对，因为一个人快乐也可能是很深沉的），你必须做悲戚状，做沉痛状，做痛心状。我也正在思考这个问题，以后给你们讲什么，少讲一点儿笑话，多含一些泪水。再如《湘月》：“屠狗功名，雕龙文卷，岂是平生意！”把历史上的立德、立言、立功都放在了脚下；“怨去吹箫，狂来说剑，两样销魂味”，把一切全概括进去了。我觉得龚自珍这样的词，已经超越了很多古人，但没有得到很高的评价。

我们再举秋瑾的例子。她写物，显然是“言志”，是表现她的志趣、她的“品”——中国人讲“诗品”、“境界”、“格调”，都和“诗言志”这个传统有关。秋瑾并不是专业诗人，她主要是革命家，她的诗从专业的角度看或许有诟病，但的确写得好，如《宝剑诗》“神剑虽挂壁，锋芒世已惊。中夜发长啸，烈烈如枭鸣”，剑挂在墙上，其锋芒却使世界震惊——这位“鉴湖女侠”真是不简单。又如《咏梅》：

开遍江南品最高，数枝庾岭占花朝。
清香犹有名人赏，不与夭桃一例娇。

显示出自己的与众不同和那种特别的锐气。

讲到现代知识分子，人们总是爱提到几乎被树为偶像了的、被神圣化了的一些人。今天不讨论思想史的问题，我们主要看看他们的诗究竟言的是什么“志”。譬如王国维，他是因不愿看到清朝灭亡而自杀的，对此有各种说法和解释；他有极高的才华和地位。这里举一首他的《咏史诗》：

西域纵横尽百城，张陈远略逊甘英。
千秋壮观君知否？黑海西头望大秦。

王国维是一位学者，但志趣不仅仅是考证一下文字，或者是写写词话什么的；他也志存高远，充满了治国平天下的壮志，或者说是一个情结，甚至超出了别人对他的期许。

再看新中国成立以后，有些“言志”的诗写得太有味道了，值得我们稍微回顾一下。先说邓拓。他是一个老革命，书法很好，曾任《人民日报》主编，常受到毛主席的批评，有时也受表扬；后任北京市委书记处书记，管文教工作；“文革”开始后不久，坠楼自杀。他的《留别人民日报诸同志》影响比较大：

笔走龙蛇二十年，分明非梦亦非烟。
文章满纸书生累，风雨同舟战友贤。
屈指当知功与过，关心最是后争先。
平生赢得豪情在，举国高潮望接天。

这是一首七律，但真正的内容只有三句。第一句是“笔走龙蛇二十年”，是说做革命文字工作，包括传媒工作、写作工作、文教工作，已经二十年了；“分明非梦亦非烟”，完全可以不要，是用来凑韵脚的。第二句是“文章满纸书生累”，也是最关键的一句，是说我写的东西太多了，变成了一个累赘、一个负担、一个麻烦——果然，他最后死在这上面，因为写了《燕山夜话》。“风雨同舟战友贤”，这句也用不着，一是为了对仗，“文章”对“风雨”，“满纸”对“同舟”，“书生”对“战友”，“累”对“贤”，对得很工整；一是为了表达一些积极的思想，因为他毕竟是党的高级干部——但从意思上看，总觉得别扭，“文章满纸书生累”怎么变成“风雨同舟战友贤”了呢？从哪出来这么正确、这么好听的一句呀？第三句是“屈指当知功与过”，这话任何人说都可以，但邓拓这儿很沉痛，因为他编《人民日报》老受批评，这么多年自己的功过，谁与评说？他感到很沉重，很悲伤。“屈指功过”这话太消极了，所以必须加上一句“关心最是后争先”，就是说，我是落后了，但我要争取先进。这真是一个好党员，一个好同志，完全符合保持先进性的要求。就凭这三句，我觉得这首诗写得非常好。

再讲陈寅恪，陈寅恪也不以诗著名，他是一位史学家，双目基本失明，在广州中山大学执教。我们看他的《丁亥春日阅花随人圣庵笔记深赏其游旸台山看杏花诗因题一律》：

当年闻祸费疑猜，今日开编惜此才。
世乱佳人还作贼，劫终残帙幸余灰。
荒山久绝前游盛，断句犹牵后死哀。
见说旸台花又发，诗魂应悔不多来。

这里我们能看到什么？我说不好，因为我对陈寅恪不太熟悉。但从诗里如“闻祸”、“世乱”、“断句”这些词中明显感觉到，面对新中国的建立，中国的动荡，他有一种生不逢时、正逢乱世之感，这和后面要说的革命家完全不一样。再如“荒山”，还流露出荒芜感；“后死哀”，又流露出悲剧感。此诗所表现的正是陈寅恪在大变动中的那种六神无主和悲哀。

聂绀弩也写了很多沉痛诗篇。他是左翼文人，后来划为右派，去劳动。他本不写旧诗，而写杂文、评论。“大跃进”时，劳动队要求他一天写二十首诗歌颂“大跃进”。他写劳动的诗极好，有些很沉痛，有许多刺人的句子，如《血压》三首之三：

尔身虽在尔头亡，老作刑天梦一场。
哀莫大于心不死，名曾羞与鬼争光。
余生岂更毛锥误，世事难同血压商。
三十万言书说甚，为何力疾又周扬？

“哀莫大于心不死”，改自庄子“哀莫大于心死”，意思是说你必须死心，否则更悲哀。“余生岂更毛锥误，世事难同血压商”，大概是因血压高而生感慨：诗文工作已耽误我半辈子，余生还会因为搞诗文而受害？但世事如同高血压，没法商量，所以他显得很无奈甚至很沉痛。《胡风八十》：“无端狂笑无端哭，三十万言三十年。”胡风曾因“三十万言”谈文艺问题而被打入另册，到八十寿辰时已三十年。此诗写得也非常沉痛。《挽雪峰》颔联“文章信口雌黄易，思想锥心坦白难”，也极为沉痛——文章可以乱写，但真正的思想像锥子扎着我的心，没法子说呀！哪里敢说呀！哪里能被人理解呀！这样字字见血、掷地有声的句子古往今来是不多见的。聂绀弩诗里有许多名句，如“男儿脸刻黄金印，一笑心轻白虎堂”，前句用的是林冲的典故——因误入白虎堂而判罪，脸上被刺字，对此，聂绀弩却是豪言壮语“一笑心轻白虎堂”；再如“高低深浅两双手，香臭稠稀一把瓢”写淘粪；“一丘田有几遗穗，五合米需千折腰”写拾麦穗的辛苦，都表现了他很特殊的“志”。

再看钱锺书，他的诗非常古雅，不大容易看出“志”来，但有几首“志”很惊人。如《赴鄂道中》：

弈棋转烛事多端，饮水差知等暖寒。
如膜妄心应褪净，夜来无梦过邯郸。

最后一句写的大概是夜坐火车过邯郸，用了“邯郸一梦”的典故，然而钱先生过邯郸却没有梦，这是钱先生的特点，因为他看一切都非常透彻，从不跟着“往上走”。此诗作于1957年，当时一些知识分子对一些事情非常热心，激动万分，如解放前编过《观察》杂志的储安平先生，因为被吸收为宪法起草委员会委员，兴奋不已，以为受到知遇，将要为国家做出巨大贡献，钱先生却觉得他未免太天真。果如所料，储安平不久即被划为右派，最后不知所终。钱先生就是这么透彻、清凉，所以他“无梦”。不过我觉得钱先生是不是太凉了点，人活一辈子连点“梦”都没有，未免有些遗憾；再说大家都这么透彻，国家还有救吗？我忍不住插这么一句，并无对钱先生不敬之意，钱先生这诗写得非常好，值得学习。钱先生有些诗写得淡一点，也非常好，如《老至》：

徙影留痕两渺漫，如期老至岂相宽。
迷离睡醒犹馀梦，料峭春回未减寒。
耐可避人行别径，不成轻命倚危栏。
坐知来日无多子，肯向王乔乞一丸？

颈联是说我只能避开众人另辟蹊径，如若不然就等于不要命。诗写到这一步，不再是诗，而是人生的况味、生命的体验、精神的呼号和巨大的叹息。历史上这类诗不少，如文天祥的《正气歌》就不是作为纯诗来写的。

当然，1949 年后的知识分子也有很愉快、很幸福的体验，如老舍《今日》：

晚年逢盛世，日夕百无忧。
儿女竞劳动，工农共戚休。
诗吟新事物，笔扫旧风流。
莫笑行扶杖，昂昂争上游！

诗写得很真诚，表达的是在新中国如鱼得水、其乐无穷的心情。

在社会变革中，一些坚定的革命家也写出了许多脍炙人口的诗篇，他们的“志”同样非常感人。如毛泽东著名的《沁园春 · 长沙》，“独立寒秋，湘江北去”，表达了非常高远的志向，特别是“鹰击长空，鱼翔浅底，万类霜天竞自由”，表达了人与万物欣欣向荣的“竞自由”的精神；还有“怅寥廓，问苍茫大地，谁主沉浮”，“指点江山，激扬文字，粪土当年万户侯”。毛泽东青年时代所表达的志向是他人所无法比拟的。

周恩来的诗也是非常好的，但后来不写了。《大江歌罢掉头东》：

大江歌罢掉头东，邃密群科济世穷。
十年面壁图破壁，难酬蹈海亦英雄。

第三句是经典，是人生的哲学原理，人都要有“十年面壁图破壁”的决心，但“面壁”不是目的，“面壁”是“图破壁”，“破壁”是摆脱束缚，从必然王国进入自由王国。仅此一句，这首诗就非常好。

陈毅的诗，特别是在战斗中写的诗也非常好，如《梅岭三章》的第一首：

断头今日意如何？创业艰难百战多。
此去泉台招旧部，旌旗十万斩阎罗。

这种革命的豪情，这种激越，让人不能不钦佩。

总之，“诗言志”为诗词带来了一些很不寻常的东西。诗词能见境界、见个性、见修养，以至含有某种神学意味，有时像寓言，有时似谶语，诗人在诗中好像预见了自己的命运，由诗可以判断诗人的命运。

二、诗词的寄托与含义

诗什么都可以写，如风花雪月、花鸟虫鱼、阴晴寒暑、生离死别……但除所写的这些外，我们往往觉得诗还有“言外之意”，有象征意味。有些写爱情的诗表达的是对君王的感情，是政治热情，这是最令人纳闷的，因为外国人与此相反，他们认为最本初的、最激动的是男女之情，写什么都以爱情为最高参照系。如俄国杜勃罗留波夫去世后，著名诗人涅克拉索夫写追悼诗，有一句“他爱祖国就像爱女人”。这在中国是太反动了！爱祖国怎么能就像爱女人呢？小流氓也爱女人啊！我曾经请教叶嘉莹先生这个问题，她说：不得不承认，中国历代知识分子都有一种情结，即希望为世所用，受到明君赏识，希望自己不仅仅是“屠狗”、“雕龙”，而能够辅佐明君，“修身齐家治国平天下”，这种感情非常深，在基因里代代相传，变成中国人尤其是中国诗的文化密码、语码。

有的非常明显，如“香草美人”，屈原就写了很多的“香草美人”，表达的是对楚君的一腔忠诚，屈原说自己爱楚君如同爱美人。再如王建《新嫁娘》：“三日入厨下，洗手作羹汤。未谙姑食性，先遣小姑尝。”讲的实际是官场，“新嫁娘”指新上任的官员，“姑”指“老板”，即上司。新官员要想得到“老板”的赏识，起码不让他讨厌，就必须了解他的习性，但又不能直接问，所以就多咨询“小姑”——“老板”身边的人。我觉得这样理解是有道理的。当然，将它看成仅仅是描写新嫁娘也是合适的。

也有些值得争论。如杨巨源《城东早春》：“诗家清景在新春，绿柳才黄半未匀。若待上林花似锦，出门俱是看花人。”有的说是讲作诗的，诗人的构思就像新春，必须抓住时机，不能等到大家都写才去写，不要趋时，不要从众。而诗论家却认为它是讲用人的，即在人“才”萌芽时，就要察微识渐，实施培养、使用计划，这种理解不能说没有道理。我认为如何理解此诗关键不在于杨巨源当初写这二十八个字是否有意献给吏部，而在于世界上有许多事理是相通的，只要事理相通，怎样理解都可以，譬如说是讲科研、经商、管理、体育锻炼等都可以。

我对这个问题有兴趣并非始于诗，而是散文。四十年前我读鲁迅《雪》，看到冯雪峰先生的解释，他说《雪》作于大革命时期，文中南方的雪代表革命力量，是明艳的、美丽的，北方的雪则象征军阀，是腐朽的、垂死的。而我阅读的感受截然相反，如鲁迅者，他的爱是北方的雪，鲁迅的性格正是北方的雪而不是南方的雪。所谓“几个孩子来访问他；对了他拍手，点头，嘻笑”，“晴天又来消释他的皮肤，寒夜又使他结一层冰”，“嘴上的胭脂也褪尽了”，都有春秋笔法，包含着他对表面浓艳、美丽，青春一样的南方雪的某些怜悯乃至嘲弄；“在晴天之下，旋风忽来，便蓬勃地奋飞，在日光中灿灿地生光，如包藏火焰的大雾，旋转而且升腾，弥漫太空，使太空旋转而且升腾地闪烁”，“那是孤独的雪，是死掉的雨，是雨的精魂”，这才与鲁迅的精神相通。同时我又认为，鲁迅的《雪》就是写雪，写北方的雪无意于“夫子自道”，写南方的雪也无意于象征别的什么，但这却是鲁迅的雪，不是冰心、张爱玲，也不是胡适、巴金的雪，这里的雪有鲁迅的个性。

写作上常常有这样的情况，有时甚至能构成文字狱。你如实地写一样东西，但读者能够联想到很多，因为你已经将自己的灵魂与所写的对象融合起来了。这里我举一个自己的例子。1956年9月我发表《组织部来了个年轻人》，次年初老作家康濯写了一篇批评文章。小说有一段写主人公林震与赵慧文告别，赵慧文说："你嗅见槐花的香气了没有？平凡的小白花，它比牡丹清雅，比桃李浓馥。你嗅不见？真是！"我写作时并无任何动机，只是表现二人之间心情的交流，但康濯老师做了特别精彩的分析，说两个主人公用桃李比喻芸芸众生，牡丹比喻权贵，他们既看不起芸芸众生又看不起权贵。这样的分析尽管有对我产生不良后果的可能，但我不能不佩服，它比我写的伟大，也许与我所写的真的存在着某种联系，因为它反映着人们精神生活的走向。

古典诗词更是如此。我曾经与叶嘉莹先生讨论温庭筠《菩萨蛮》：

> 小山重叠金明灭，鬓云欲度香腮雪。懒起画蛾眉，弄妆梳洗迟。照花前后镜，花面交相映。新贴绣罗襦，双双金鹧鸪。

词描写一位美丽女子的闺中生活，但清人张惠言认为是表达士人不为所用的苦闷。我实在无法理解温庭筠写此词就是为做政治的讽刺，但世上的事有许多是相通的，一个女子的美貌得不到世界的承认，既不能参加选美，也不能参加模特儿大赛，在那儿闲置着，她和一个很有才能的人在那种体制下得不到重用是一样的。而偏偏中国的知识分子人人都相信自己有伟大的才能，李白、杜甫、韩愈、李商隐、王安石、苏轼等都相信。再举杜甫《春夜喜雨》，“随风潜入夜，润物细无声”现在频频被使用，不是作为对雨的描写，而是作为一种道德的标准，尤其是师范教育的标准——我们要为人师表，要桃李满天下，要“润物细无声”。但诗本身字字写的是雨，尤其是“晓看红湿处，花重锦官城”。

由此我们得出结论：如果你是“仁人”，你所写的雨、雪、花、风、草、山、水就都有“仁心”存焉；你是“义士”，就都有“义气”存焉；你是不合时宜的“牢骚鬼”，你写的酒、肉、娶媳妇、聘闺女，也都会充满牢骚。相反，如果非常执着地用考证的方法解释诗，说它是为写什么而不为写什么，就会煞风景，扼杀诗意。越是好的诗，相通的东西越多，与人生况味相通，与诗人自己的精神走向相通，与刚刚发生的某些大事相通，甚至与某种科学道理相通，就像鲁迅的《雪》一样。

解诗不能非得坐实，关键是诗本身有没有概括性和普遍性；有时坐实了，反倒会把一首诗杀了。我在《新民晚报》上看过一篇文章，作者说自己一直弄不懂白居易的《花非花》：“花非花，雾非雾。夜半来，天明去。来如春梦几多时，去似朝云无觅处。”可他们家保姆一看就懂，说这是谜语，谜底是冬天玻璃上的“霜花”。她解释得好极了，简直是个天才保姆，可也是白居易的天才“杀手”。我原来非常喜欢这首诗，可是现在每每想到这个保姆的解释，就如同吃了一只苍蝇。所以我们解诗，尽可能不要超出情理所允许的范围，不要忘了它是一首诗，要留有联想的余地。

三、传统诗词的整体性特征与个性特征

中国的诗歌传统与外国不同，譬如讲“出处”。《红楼梦》十八回写元春省亲，命贾宝玉题诗，贾宝玉用了“绿玉”二字，薛宝钗说元妃最讨厌“绿玉”，叫他改成“绿蜡”，宝玉问“绿蜡”可有出处，宝钗说出自唐朝钱珝《未展芭蕉》开头第一句“冷烛无烟绿蜡干”。什么都得用典，什么都得用陈言，要求无一字无出处，无一字无来历，这确实讨厌，“五四”时期最受批判。真正的大诗人，是敢于用新鲜词语的。但这也是有原因的，中国的诗词好比一棵大树，一棵汉语的大树，一棵文学的大树，你用传统诗词形式写出来的就是这棵大树的一片叶、一个芽，必须与这棵大树匹配。

我所以想到这点，是受一些老朋友写旧体诗词的启发。现在一些老人喜欢写旧诗词，有的写得还行；有的写得实在可怕，怎么看都不像。其原因很简单，他们没看过《唐诗三百首》，也没有背过《千家诗》，不是说“熟读唐诗三百首，不会吟诗也会吟”吗？对此，叶嘉莹先生有一个很有意思的解释，她说中国

的传统诗词有自己的语言系统，学写诗词就像学外语，必须背，背下来，写得就像。人们写诗词并不把自己的创作放在第一位，而是把中华民族的精神之树、语言之树放在第一位，所以要找"出处"，这样味儿才对。现在有些人的诗词，虽然也用一些词儿，就是味儿不对，以致让人觉得他倒不如去写快板、三句半、顺口溜什么的，就是不应该写旧诗词。

过去中国人是不讲知识产权的，欧阳修有一首《蝶恋花》"庭院深深深几许……"，李清照非常喜欢这首词，写了许多"庭院深深深几许"，这是抄袭吗？不是抄袭。再如毛泽东的"天若有情天亦老"，来自李贺《金铜仙人辞汉歌》（"衰兰送客咸阳道，天若有情天亦老"）；"一唱雄鸡天下白"来自李贺《致酒行》（"雄鸡一声天下白"）。最近，《文汇报》上有一场争论，著名诗人流沙河说苏轼《念奴娇·赤壁怀古》中"乱石穿空，惊涛拍岸"是"剽"诸葛亮的《黄牛庙记》中"乱石排空，惊涛拍岸"；另一位老师反驳说并非如此，因为《黄牛庙记》可能是伪作，而且可能是苏轼以后的人的伪作。我觉得即使《黄牛庙记》确实是诸葛亮之作，苏轼在词中化用这两句，也与剽窃毫不相干，因为中国诗词里这种情况太多太多，根本不能用现在的知识产权的观念去做评判。化用你的词，和你的韵脚，可以传为佳话。

但是讲"匹配"也产生另外一个问题，即陈陈相因，难有个性。中国古代大量诗词很雅、很美、很贴切，音韵、炼字、用词达到很高水平，就是缺少个性，结果是有这首诗不多，无这首诗不少。如乾隆皇帝一生写了几万首诗，都没有大毛病，但没有一个人承认他是诗人，其诗还不如“张打油”的《咏雪》：“江上一笼统，井上黑窟窿。黄狗身上白，白狗身上肿。”这首诗虽是胡闹，反倒给人留下点儿印象。“张打油”的这首诗，我觉得还有点味儿。“江上一笼统”，就挺有意思；“井上黑窟窿”，有艺术感觉，能够把井看成黑洞，而且“黑洞”是非常摩登的概念，“黑洞”概念原来是张打油首先提出来的？！“黄狗身上白，白狗身上肿”，也还有些幽默，不算黑色幽默，也不好算黄色幽默，可以算“白色幽默”。由此可见，先得“面壁十年”，好好背《唐诗三百首》、《千家诗》，然后还须“图破壁”。

讲到这最后一个问题，我要和第一个问题联系起来，真正能言“志”就有个性，否则就只能人云亦云，成为应酬之作。

中国诗词既是个人的又是整体的，如果你对中国诗词不熟悉，不背上几百首诗词，就贸然写传统诗词，是会很令人遗憾的；反过来说，你如果不能写出个性，不能写出锥心之语，不敢破壁，也写不出好诗来。

2005 年 10 月

谈我国作家的非学者化

作家不一定是学者。

我们有许多作家，他们提起笔来，靠的是深厚的阶级情感、丰富而又实际的生活经验、活泼的群众语言、被艰苦的人生锻就的聪明机智。尽管他们有的不仅没上过大学，甚至没上过中学或小学（最极端的例子是高玉宝和崔八娃，他们成为作家的时候差不多还是半文盲），尽管他们没有学过立体几何、有机化学与量子力学，尽管他们既不懂任何外文也不懂古汉语和现代汉语的语法，尽管他们当中确有人至今还错别字连篇，但他们确实是令人敬佩、令人钦羡的作家。他们写出一篇又一篇作品，反映了独特的、绝非一般“文人”所能反映的生活领域，他们表达了一种特别朴素、真切、笃实的情感，他们说出了劳动人民的心里话，并且创造了和正在创造着一种淳朴、平实、大众化的风格，这是非常可喜的。从某种意义上来说，这正是社会主义国家劳动人民当家做主，劳动人民真正成为文化的主人，把被历史颠倒了的再颠倒过来的生活体现。

古今中外的文学史上也都有这样的例子，艰辛的生活竟比辉煌的大学文学院更能造就作家。如果高尔基不是在轮船、码头、面包房里而是在彼得堡的最高学府读“我的大学”，那也就不成其为高尔基了。

学者不一定是作家。

我们有许多学富五车的教授、副教授、研究员、副研究员，他们虽然可以很好地讲小说史、小说论，却写不成小说。这是常事，也是常识，用不着说，用不着解释。

这么说，做学问和搞创作是两路“功”，走两条道。甚至彼此还会产生一种隔膜或偏见。有的作家告诉我，愈是读文学史和文艺理论，就愈是写不出东西来。愈是眼高，就愈会手低。他们对一些学者写的评论、研究文字，往往敬谢不敏，觉得那种掉书袋的冬烘气、八股气只能扼杀活泼泼的创造者的心灵。

当然，也毋庸讳言我们的一些学者对于当代许多作家的鄙薄态度。在一些学者的眼里，我们的作家不过是一些头重脚轻根底浅、嘴尖皮厚腹中空的轻狂儿，在文坛上夤缘时会、名噪一时的暴发户。“那算不得学问。”学者们说。写一百篇小说或者受到二十次好评、奖励，也算不上学问。不仅写这样的东西算不得学问，研究、评论，乃至涉猎这样的东西也算不得学问。要做学问吗？去做四书五经、李白、韩愈、关汉卿、曹雪芹、荷马、但丁、巴尔扎克、别林斯基去吧。

于是乎确有不读书、不看报，不知道世界有几大洲，不知道脊椎动物无脊椎动物的区别，不知道欧几里得，也不知道阿基米德……甚至至今写不准我国国家领导人的名字的作家（当然是个别的）。

于是乎确有毫无艺术感觉但知背诵条条、“不知有汉，无论魏晋”的学者。

这似乎也难免，也正常，不足为奇，不足为虑，既不影响二百种文学刊物按时出刊，也不影响六十所大学文科院系的科研、教学工作。

果真是这样吗？果真搞创作不需要学问，或者做文艺学的学问可以不问当今的创作实际吗？

作家不一定是学者，诚然。但是大作家都是非常非常有学问的人，我不知道这个论断对不对。大作家都称得上是学者。高尔基如果只会洗碗碟和做面包，毕竟也算不得高尔基，他在他的“大学”里读了比一般大学生更多的书。如果清代也有学士、硕士、博士这些名堂，曹雪芹当能在好几个领域（如音韵学、中医药学、园林建筑学、烹调学）通过论文答辩而获得学位吧？现代文学史上的几位大作家：鲁迅、郭沫若、茅盾、叶圣陶、巴金、曹禺、谢冰心……有哪一位不是文通古今、学贯中西的呢？鲁迅做《古小说钩沉》，鲁迅翻译《死魂灵》、《毁灭》……鲁迅杂文里的旁征博引；郭老之治史、治甲骨文及其大量译著；茅盾《夜读偶记》之渊博精深；叶圣老之为语言学、教育学权威；巴金之世界语与冰心之梵语……随便顺手举出他们的某个例子（可能根本不能代表他们的学问造诣），不足以使当今一代活跃文坛的佼佼者们汗流浃背吗?

加一段微乎其微的叹息。中国文人有讲究写字的习惯。上述大家，仅就写字一点也确实在一般知识分子之上，但当今……就拿笔者来说，每当被人要求题字的时候，写前先有三分愧，写完恨不得学土行孙来他个土遁！呜呼……

也许这些话有点九斤老太气。不，我不是也不愿做九斤老太太，未敢妄自菲薄，更不敢鄙薄同代作家。在革命化、工农化、深入生活、劳动锻炼、联系群众、政治觉悟、社会意识、斗争经验等等许多方面，我们是有出息的，也是胜于前人的。我们的作家队伍是一支很好的队伍，是一支古今中外罕见的与人民同呼吸共命运、与革命同生死共患难的队伍，这是没有疑问的。但是，新中国成立三十余年来，我们的作家队伍的平均文化水平有降低的趋势（近年来可能略有好转），我们的作家愈来愈非学者化，这也是事实。

而且，这是一个严重的事实。如果不正视和改变这种状况，我们的文学事业很难得到更上一层楼的发展。

我们有时候在谈论和写作当中也偶尔涉及这样一个问题，为什么当代还没有出现鲁迅、郭沫若、茅盾、巴金那样的大作家？当然，对这个问题的看法并不一致，有一些热情宽厚的长者对当代中青年作家及其作品夸奖得相当够。但是，在肯定总的成绩超过了许多历史时期的同时，我们无法不承认，我们当中确实还没有出现那种文化巨人式的大作家。

原因很多，个人的原因，社会的原因，历史的原因。我国的社会主义文学事业也正像其他事业一样，前进在并不平坦的大路上。十年内乱造成的损失……但我认为至少原因之一，是我们不重视作家的学问基础，我们的作家队伍明显地呈现出非学者化的趋势。在“五四”时期乃至二十世纪三十年代，几乎所有的名作家都同时是或可以是教授，国外的许多名作家也是大学教授，现在呢，翻开作家协会会员的名册吧，年轻一点、发表作品勤一点的同辈人当中，有几个当得了大学教授的？

靠经验和机智也可以写出轰动一时乃至传之久远的成功之作，特别是那些有特殊生活经历的人，但这很难持之长久。有一些作家，写了一部或数篇令人耳目一新、名扬中外的作品之后，马上就显出了“后劲”不继的情况，一个重要原因就是缺乏学问素养。光凭经验只能写出直接反映自己的切身经验的东西，只有有了学问，用学问来熔冶、提炼、生发自己的经验，才能触类旁通、举一反三、融会贯通生活与艺术、现实与历史、经验与想象、思想与形体……从而不断开拓扩展，不断与时代同步前进，从而获得一个较长久、较旺盛、较开阔的艺术生命。

这个道理在表演艺术上也许看得更加明显。有一种所谓本色演员、本声歌手，他（她）们演戏唱歌靠的是天生的本色本声，未经训练。他们当然也可以演红唱红，甚至比“学院派”更易被接受，但时间长了，观众就会发现，他（她）不论演什么角色，都是自己演自己，不论唱什么歌，都是一个调调，本色则本色矣、质朴则质朴矣，惜无开拓、发展、变化，无开拓、发展、变化则无新意，无新意则出现单调和停滞，出现单调和停滞则意味着艺术生命的衰老乃至最后消亡。

我们常常讲思想，但身为一个作家，我们对他的思想的要求不能停留在政治态度不错、谦虚正派、不乱搞男女关系上（当然这些公民道德也不容忽视），这里，思想是指世界观的科学性、广博性和深刻性，指对于真理的认识。思想不能仅仅是一个道德规范、行为规范的范畴，作家的思想应该同时是一个认识论的范畴，它应该反映的是一个民族、一个社会究竟在什么程度上掌握了历史发展和宇宙变化的规律，究竟掌握了多少真理。而这一切，离不开对于自然科学、社会科学和哲学的知识的掌握。

我们也常常谈生活，但是没有学就不会有识，就不会有对生活的深刻理解与敏锐感受、捕捉。对于一个作家来说，生活不仅仅是吃喝拉撒、上班下班，也不仅仅是写作的素材；作家的生活，应该是一种文化的对象、文化的实体。作家应该时时从生活中得到对本民族的源远流长的文化传统的验证、启示、补充、发展，才能从生活出发而对文化做出贡献。

我们也谈技巧。但是，文学不是孤立的，文学是整个民族文化的一部分，不能设想一个民族的高的文学水平是与这个民族的相对低的文化水平甚至无知愚昧联系在一起的。技巧也是一种文化，没有文化最多只能有类似手工艺的技巧。现代文学技巧时时受到各种科学知识（如电脑技术、公众传播技术、心理学、教育学、逻辑学）的冲击和充实，只有充分吸收运用最先进的文化积累，才能创造出真正高水平的文学技巧，才不会满足于江湖术士式的雕虫小技。

我们也谈才华，但才只有与学结合起来才是有用之才，也才能成为大才。无学之才只能炫耀一时，终无大用，弄不好还会成为歪才、恶才、害人害己之才。凡是对自己的才沾沾自喜而不肯下苦功夫治学的人，决无大出息。没有变成学问的才华，最多不过是尚未开发的铁矿，究竟是富铁矿还是贫铁矿，究竟有没有开采价值，其实还是未知数哩！

这里，我们不妨申明一个看来像是“大实话”的命题。毕竟现在不是原始社会，不是奴隶社会，不是口头文学占据文学主导地位的古代，在今天的社会，作家应该是知识分子，应该是高级知识分子，应该有学问，应该同时努力争取做一个学者。作家应该学习专家、教授、学者治学的严肃作风。在这一点上搞创作和做学问的道理是一样的：你肚子里有真实货色才能拿出给人启迪、给人教益的作品，而为了积累真货，必须努力学习。

我们常常批评目前确有一些格调不高的作品，有的拿肉麻当有趣，搞低级趣味；有的生编硬造，俗不可耐地套现成的套子；有的矫揉造作，装假洋鬼子；有的抱残守缺，关上门自吹；还有一些其他的也许更严重的不理想、不严肃乃至不正派的作风。对此，我们当然要从思想修养、道德、政治上找原因，所以我们要反对资产阶级自由化，我们要加强思想政治工作，我们要制定和遵守文艺工作者公约等等。同时，我们还要从生活上找原因，我们要不知疲倦地号召组织作家深入人民群众的斗争生活。此外，我们还可以从体制乃至从法制上找原因和想办法，例如版权法等法规的制定对于克服文艺出版工作中的某些消极现象有着立竿见影的意义，我们的专业作家体制也还有待改善，这些都是完全必要的。

但是，这里还有一个重要的原因，就是作家队伍的非学者化趋向。不用古往今来的一切积极文化成果来充实自己，不站在人类已经积累起来的文化基础上，就无法真正弄通马克思主义，不可能取得真正的、强大的思想武装，不可能有真正崇高恢宏的思想境界，不可能有广阔从容的胸怀与气度，不可能有深邃的与清醒的历史感与社会使命感，不可能真正地用共产主义思想去影响、去培育有理想、有道德、有纪律的一代新人，就难免时而表现思想的苍白和贫乏，题材的狭窄、雷同、平庸，情感的卑琐、空虚、低下，技法的粗糙、单调。遇有风吹草动，更容易表现出缺乏思想，缺乏见解，缺乏稳定性。一群满足于自己的学问不多、知识不多的状况的作家，充其量不过能小打小闹一番而已。能够完成伟大的史诗的作家，能够不同时是思想家、史学家、美学家、社会学家和诗家吗？一个企图攀登文学创作的高峰的人，一个企望通过自己的作品而对本民族的文化以及人类文化做出哪怕是些微贡献的人，能够不去努力学习、吸收、掌握民族的与全世界的文化精华吗？一个企望在语言艺术上有所创造，有所发明，有所发现，有所前进的人，能够对古文、外文一无所知吗？

眼高可能手低，但是眼低只能手更低。取法乎上，仅得乎中。如果连民族文化和世界文化的高峰何在都不知不见，又何谈攀登、创造？那么，会不会学得愈多愈写不出东西来呢？也有可能，那恐怕是因为本来就缺乏艺术创造才能和学习方法的教条主义。理论联系实际的学习，独立思考、富有想象力的学习，对创作是一个巨大的推动。当然，作家的工作与一般学者的科研、教学工作会有许多不同。所以我们既提倡作家不应与学者离得那么远，作家也应严肃治学，又不能要求作家普遍成为一般意义上的学者。也许从反面更容易把话说清，即作家绝不应该满足于自己的知识不多的状况，作家不应该不学无术。

至于学者了解一下当前创作实际，理论从实践中汲取营养的必要性，这里就不多说了。

当然，这是从整体而言的，从个体来说，每个作家有每个作家的情况，有其独特的优势，发挥优势，各有各的路子。古今中外的文学事实证明，某个完全非学者的作家，也有可能做出杰出的贡献，成为很好的乃至杰出的作家。我想提出的问题不是某个作家的文化知识问题，而是整个作家队伍的非学者化，以及作家队伍与学者队伍的日益分离、走上两股路的状况。

至于笔者本人，只有初中毕业文凭，前不久还因不会正确地使用“阑珊”一词而受到读者的批评（见《读书》第七期），才疏学浅，有负作家称号，正因为愧怍深重，才提笔写这篇立论或有偏颇的文章。但愿同辈与更年轻的作家，以我为戒，在思想、生活、学识、技巧几个方面下功夫，我自己，也愿急起直追，学习、学习、再学习，为建设社会主义的精神文明，为开创社会主义的文学艺术繁荣兴旺的新局面而献出一切力量。

1982 年

谈学问之累

“知识愈多愈反动”的说法自然不对。“书读得愈多愈蠢”云云，在特定条件下，还是有几分道理的。我国戏曲舞台上、话本小说里、口头传说中，书呆子的形象为人们所熟知所嘲笑，当然不是没有来由的。总括起来这些受书害的人们的特点是：瘦弱，不能吃苦，不能稼穑，胆小；见到美女神魂颠倒却又不敢追求，常需要小丫鬟的提挈栽培；遇事没有主意，遇到恶人就吓破了胆，酸文假醋，该断不断。另一方面却又优越得不行，一朝得中状元，翻脸不认糟糠之妻与贫贱朋友。他们的形象真叫够可以的。

书是教人学问、教人聪明、教人高尚的，为什么书会使某些人蠢起来呢？因为书与实践、与现实、与生活之间并非没有距离。人一辈子许多知识是从书本上学的，还有许多知识和本领是无法或基本无法从书本上学到手的。例如：游泳、打球、太极拳、诊病把脉、开刀动手术、锄地、割麦、唱歌、跳舞、拉提琴、恋爱、靠拢领导、团结群众、与对立面斗心眼儿、申请调动、申请住房、增加收入……直到写小说。

书是非常重要非常重要的，但书未必都很实在。书要比口头语言的传播精密得多、负责得多，但也常常经过太多的过滤和修饰，还有许多题目题材尚未形成可以成书的原料与动机。有些事理太鄙俗、太丑恶，书本上不肯写。例如没有一本书教人们如何“走后门”，但事实上“走后门”的愈来愈多。换一个角度想，即使为了加强廉政建设，也需要更好地研究“开后门”与“走后门”的林林总总。但如果当真撰写出版一本“后门大全”，则很可能起到消极的“教唆”的作用。这也叫“两难”。有些事理太高妙、太精微，许多艺术上的感觉、激情直到技巧只可意会，不可言传，不可通过书本来传授——即使是烧一碟好菜，也不是光靠读菜谱能做得到的。还有些事理太重大、太根本，与之相比，书本的分量反而轻了。比如一种人生观，一种主义，一种信仰，往往是一个人的全部经验的总结，全部人格的升华，全部知识的融会，它来自生活这部大书的因素超过了某几本具体的书。如果某几本具体的书起了关键作用，也是因为符合了该读者的生活经验与生活需求。例如读了《钢铁是怎样炼成的》便去参加革命，首先是因为生活中的革命要求已经成熟，而这种革命要求已经酝酿在、躁动在这位读者的心里、梦里、血管里、神经里。再比如说道德，至少在我们这里绝无仅有哪一本书告诉人们可以不道德与教导人们如何不道德，亿亿万万的书教导人们要道德、要道德、要道德，但不道德的人和事仍然是层出不穷。从这里也可以看出书的局限性、书的作用的局限性这一面。

有许多许多的好书我们还没有读或我们还不知道它的存在。与此同时，还有许多伪书、谬书、坏书，特别是有许多陈陈相因的书。创造性的书难找，照抄或变相照抄的书易求。读书、抄书、注书，遂也写出了书再供别人去抄去注，去改头换面，在书的圈子里循环，在书的圈子里自足自傲，被书封闭在一个缺少现实感也缺少生活气息的狭小天地里，最后连说话也都是书上的话，现成的话，见 × 书第 ×× 页的话，这很可爱，很高尚，也很误事，很可怜，办大事的时候就更麻烦。所以，毛泽东当年大声疾呼反对“本本主义”，还说过教条主义不如狗屎，说过读书比宰猪容易得多的一类话。年轻时我曾拜访求教过一些前辈学者，获益良多。但确实也碰到过这样的人，除了背书、引书、查书、解书以外，他回答不了你自己琢磨提出的任何疑问，他从不把书本知识与生活现实做任何的比较联系，他从来不发表任何原生的（即出自他自己的头脑与经验的）活泼新鲜独到的见解。

泛论暂且按下，这里只抽出一个问题探讨一下：学问与文艺的关系到底如何？几年前我在《读书》上发表过一篇文章《一个值得探讨的问题——谈我国作家的非学者化》，此文的主旨是针对“我们的作家队伍的平均文化水平有降低的趋势”，我提出："我们既提倡作家不应与学者离得那么远，作家也应严肃治学，又不能要求作家普遍成为一般意义上的学者。也许从反面更容易把话说清，即作家绝不应该满足于自己的知识不多的状况，作家不应该不学无术。"

很可惜，大概一些朋友并没有读我的这篇文章更没有弄清我的这一段概括题意的话就认定并传开：某某写文章了，某某提倡作家要"学者化"了。认为谈得好者、响应者有之，认为是制造新的时髦浮夸，乃至认为此后创作中出现大量名词术语洋文假洋文旁征博引的始作俑者就是提倡作家"学者化"的某某人者亦有之。既然谈了"非学者化"并有所忧虑，那当然是叫俺们"学者化"了，这种非此即彼的想当然倒确实说明了一点粗疏简单。

反求诸己，那一篇文章中我强调了作家努力地严肃地治学求学乃至"争取做一个学者"（是"争取"，还没到"化"的程度）的必要性，却没有谈够另一面的道理，即学问和文艺，特别是和文艺创作与鉴赏，有相通、相得益彰的一面，也有相隔乃至隔行如隔山的一面的道理。这样，一面说"争取做一个学者"，又说"不能要求作家普遍成为一般意义上的学者"，就没把道理讲明讲透讲痛快。这样，引起某种片面简单化的理解，责任就不能全推出去。

学问与文艺有相通的一面，所以在那篇文章里我强调了作家要加强学习特别是文化知识的学习。但学问与文艺，毕竟也有不同的一面：前者相对地重理智、重思维、重积累、重循序渐进、重以公认的标准与手段加以检验而能颠扑不破的可验证性；后者则常常更多地（也不是绝对地）重感情、重直觉、重灵感、重突破超越横空出世、重个人风格的独特性不可重复性无定法性。

例如，甲先生是那样懂文学、懂文论与文学史，读过那么多文学读物，谈起文学来是那样如数家珍，为什么他硬是搞不成创作呢？（毛主席就批评过：中文系的毕业生不会写小说……）

试答如下：只是喜爱文学的人最好去教文学讲文学论文学；而只有既喜欢文学更热爱生活执着生活并能够直接地不借助于现成书本地从生活中获得灵感、启悟、经验与刺激，从生活中汲取智慧、情趣、形象与语言的人，才好去创造文学。生活是文艺的唯一的源泉，文学本身并不能产生文学，只有生活才能产生文学。这些都是我的一贯信念。作家应该善于读书，更需要善于读生活实践的大书、社会的大书。学者当然善于读书，如能通一点大书（不一定同时是实行家）也许更好。换一个说法，作家多少来一点（不是全部绝对）学者化，学者多少来一点生活化，大家都学会倾听生活实践的声音，何如？

或又问，乙先生是那样的学贯中西、文通古今、读书万卷、著作等身，为什么听他谈起某个作家作品却是那样博士买驴不得要领，或郢书燕说张冠李戴，或刻舟求剑削足适履，使生动活泼奇妙紧张的艺术鉴赏的痛苦与欢欣，淹没在连篇累牍而又过分自信的学问引摘里？

试答：学问也能成为鉴赏与创作的阻隔。已读过的书可能成为未读过的书的阅读领略的阻隔。已经喝过太多的茅台、五粮液，并精通“茅台学”、“五粮学”，不但无法再领略人头马、香槟，不但无法再欣然接受绍兴黄、状元红以及古井、汾酒……甚至也不再能领略茅台酒与五粮液。因为对于这些人，新的茅台五粮液引起的不是精密的味觉嗅觉视觉的新鲜快感，而是与过去饮用茅台五粮液的经验的比较，与先入为主的“茅台学”、“五粮学”的比较。已有的经验起码干扰了他的不带成见的品尝。所以几乎中外所有的老人都常常认定名牌货一代不如一代，都认定新出厂的茅台掺了水。经验与学问的积累、牵累、累赘，使他们终于丧失了直接去感觉、判断外在的物质世界的能力，甚至丧失了这方面的兴致。当然，这种学问（经验）的干扰不一定都是否定意义上的。如果新的文艺接触恰恰能纳入先前的学问体系之中，如果某个文艺成果恰恰能唤起已有的但已逐渐淡忘模糊的学问经验，它也能激起一种特殊的狂喜，获得一种一般人难以共鸣的“六经注我”的心得体会。这里的主体性是自己已有的包括已忘未忘的学问经验，而不是文学艺术作品本身。最后，不但六经注我，生活也注我，宇宙也注我，“我”只能不断循环往复，而不注我的也就只能置若罔闻了。实实地可叹！

举个例子。偶读上海古籍出版社出的《胡适红楼梦研究论述全编》，第289页《与高阳书》中，这位大学者是这样说的："我写了几万字的考证，差不多没有说一句赞颂《红楼梦》的文学价值的话……我只说了一句：'《红楼梦》只是老老实实地描写这一个"坐吃山空"、"树倒猢狲散"的自然趋势，因为如此，所以《红楼梦》是一部自然主义的杰作。'此外，我没有说一句从文学观点赞美《红楼梦》的话。"

胡适接着写道："老实说来，我这句话已过分赞美《红楼梦》了。书中主角是赤霞宫神瑛侍者投胎的，是含玉而生的，——这样的见解如何能产生一部平淡无奇的自然主义的小说！"

（王某忍不住插话：是您给《红楼梦》戴上自然主义的帽子，后来发现它的脑袋号不对，所以"不能赞美"脑袋，却必须坚持帽子的价值的无可讨论与无可更易。削头适帽，确与削足适履异曲同工。）

胡适自我感觉良好地说："我曾仔细评量……我平心静气的看法是：雪芹是个有天才而没有机会得着修养训练的文人——他的家庭环境、社会环境、往来朋友、中国文学的背景等等，都没有能够给他一个可以得着文学的修养训练的机会，更没有能够给他一点思考或发展思想的机会（前函讥评的'破落户的旧王孙'的诗，正是曹雪芹的社会背景与文学背景）。在那个贫乏的思想背景里，《红楼梦》的见解当然不会高明到那儿去，《红楼梦》的文学造诣当然也不会高明到那儿去。"

胡适接着举“女儿是水做的骨肉，男人是泥做的骨肉”，“‘女儿’两个字，极尊贵、极清静的……”为例，指出“作者的最高明见解也不过如此”，更举贾雨村的关于清浊运劫的“罕（悍）然厉色”的长篇高论，指出“作者的思想境界不过如此……”。

我想，我从未怀疑过胡适是有学问、颇有学问的人，我对他的学问不乏敬意。而且我知道胡适写过具有开创意义的新诗集《尝试集》，虽然其中的诗大抵中学生水准，在当时能带头用白话文写诗，功不可没。但看了他对《红楼梦》的评价，我颇怀疑他是否有最起码的文学细胞和艺术鉴赏细胞。这位大学者读文学作品的时候未免太缺少一种淳朴、敏感的平常心、有情之心了！他老是背着中西学问的大山来看小说，沉哉重也！什么叫“没有机会得着修养训练”呢？把曹雪芹送到康奈尔大学、哥伦比亚大学或高尔基文学院去留留学如何？什么叫“思考或发展思想的机会”？是指他没有与苏格拉底、柏拉图对过话还是指他没有在导师指导下完成博士论文？什么叫博士，胡当然是知道的，什么叫大作家，知道吗？曹雪芹的价值在《红楼梦》而不在他的学历和论文，更不在他的背景，我们叫作“阶级出身”的。如果曹雪芹的“背景”不是“破落户的旧王孙”，而是洛克菲勒家族或牛津、剑桥的曾获诺贝尔奖金的学者之家，他还是曹雪芹吗？他写出的还能是《红楼梦》吗？曹雪芹的见解、思想境界也许不如杜威或者萨特高明，所以他没有贡献出什么什么主义，正如那几位大哲学家没有贡献出《红楼梦》一样。

而《红楼梦》的价值，当然不在于表达曹雪芹的“修养训练”、“发展思想”、“见解高明”（这些都适合于要求博士论文而不宜于要求“亘古绝今第一奇书”［蔡元培语］的《红楼梦》）。《红楼梦》的价值在于它的原生性、独创性、生动性、丰富性、深刻性。人们面对《红楼梦》的时候就像面对宇宙、面对人生、面对我们民族的历史、面对一群活灵活现的活人与他们的遭遇一样，你感到伟大、神秘、叹服和悲哀，你感到可以从中获取不尽的人生体验与社会经验，不尽的感喟，不尽的喜怒哀乐的心灵深处的共振，也可以从中发现、从中探求、从中概括出不尽高明的与不甚高明的见解。《红楼梦》的价值在于它创造了一个世界而不在于去解释这个世界。“天何言哉”？“天”创造了四时万物，对四时万物发表见解则是真正聪明与自作聪明的亚当夏娃的后代们的事。《红楼梦》的价值还在于它的真切与超脱，既使你牵肠挂肚又使你扑朔迷离、怅然若失。只有丧失了起码想象力的博士才会认为有必要指出曹雪芹的缺乏妇产学知识，他竟然认为宝玉是神瑛侍者投胎与衔玉而生！这使我想起我在“五七干校”时学的批判材料，材料说：“明明蔬菜是我们贫下中农种的，作家却说是兔子种的，这不是睁着眼说瞎话吗？”（指那个家喻户晓的“拔萝卜”的故事）原来教条主义也是不分“左”“右”地亲如同宗的噢！

这不过是一例，学问家以己之长，攻创作家之短，或自以为是创作家之短。而这一例竟然以一般的学问标准——修养训练呀，发展机会呀，背景呀，见解呀什么的——去攻创作的奇才、天才、无与伦比的曹雪芹。伟大的作家恰恰在这一点上与一般学问家不同，他不仅是修养训练的产物，更是他的全部天赋，他的全部智慧、心灵、人格、情感、经验……他的每一根神经纤维和全身血液的总体合成。文学系多半培养不出创作家来，医疗系倒“培养”出了许多大作家——鲁迅、郭沫若甚至俄国的契诃夫。诸如此类的事实，不能成为贬低文学科系或反过来贬低作家的理由，也不能成为视医学训练为作家之必需的理由。

反过来说，作家当然也不该忽视自己的修养训练。其实曹雪芹在当时条件下还是受过许多修养训练的，否则他哪儿来的那么多文化知识与生活知识？特别是他的语言积累，难道不是“当然”使博士惭愧？他的“女权主义”思想可能确实“贫乏”，他的知识特别是不见于经传的知识却实在丰富得很。而作家的创造性得之于不见经传的知识、得之于生活这本大书的，要比得自康奈尔、哥伦比亚图书馆的更多也更重要。他的这方面的“背景”独特而且源远流长，没有这样的背景而换成博士可能认为绝不贫乏的希腊罗马文艺复兴产业革命的背景，曹雪芹就不是曹雪芹而是曹尔斯特博士、曹尔斯特教授、曹尔斯特院士了。这样的教授院士说不定还有人可以替代，而曹雪芹与《红楼梦》，却是无可替代的唯一。

希望学问多一点灵气，希望创作家多一点学识，却不要因学识而“戕宝钗之仙姿”又“灰黛玉之灵窍”。学问家也不要因灵气而想当然地信口开河，随意指点，甚至一口一个“当然”，就像王善保家的论搜检方案，一口一个“自然”其实远不自然当然一样。知之为知之，不知为不知，是知也。我们的学问，我们的创造力，究竟涵盖了多少对象，又有多少（不应是多少而应是多得多）对象，还处在我们的理性、我们的悟性灵性所远远没有达到的黑洞里啊，谁又可以高高在上地摆出全知全能的架势来呢！

作者附言：给《读书》撰文谈读书的局限性，令人歉然。笔者其实一直是提倡读书、提倡学问、决心拜学者前辈们为师的。但事实确也有另一面的道理，不能轻视也不能迷信学问。天下的事，常常需要讲两句话，“既要……又要……”的句式虽然俗，却是必要的。有什么法子？打油一联曰：

既要又要全必要，
求知疑知近真知。

1990 年 2 月